Gibraltar im 18. Jahrhundert

Jochen Hausmann

Gibraltar im 18. Jahrhundert

Die Formung einer multiethnischen und multireligiösen
Gesellschaft in der Frühen Neuzeit

Bibliografische Information der Deutschen Nationalbibliothek
Die Deutsche Nationalbibliothek verzeichnet diese Publikation
in der Deutschen Nationalbibliografie; detaillierte bibliografische
Daten sind im Internet über http://dnb.d-nb.de abrufbar.

Abbildung auf dem Umschlag:
Historische Ansicht von Gibraltar (Ausschnitt),
Kupferstich, Homann Erben 1733,
Staats- und Universitätsbibliothek Bremen, Signatur V.2.a235-12.

ISBN 978-3-631-66010-2 (Print)
E-ISBN 978-3-653-05188-9 (E-Book)
DOI 10.3726/978-3-653-05188-9

© Peter Lang GmbH
Internationaler Verlag der Wissenschaften
Frankfurt am Main 2015
Alle Rechte vorbehalten.
PL Academic Research ist ein Imprint der Peter Lang GmbH.

Peter Lang – Frankfurt am Main · Bern · Bruxelles · New York ·
Oxford · Warszawa · Wien

Das Werk einschließlich aller seiner Teile ist urheberrechtlich
geschützt. Jede Verwertung außerhalb der engen Grenzen des
Urheberrechtsgesetzes ist ohne Zustimmung des Verlages
unzulässig und strafbar. Das gilt insbesondere für
Vervielfältigungen, Übersetzungen, Mikroverfilmungen und die
Einspeicherung und Verarbeitung in elektronischen Systemen.

Diese Publikation wurde begutachtet.

www.peterlang.com

Inhalt

Zum Geleit 7

1. Einleitung 9

2. Der Spanische Erbfolgekrieg
   bis zur Eroberung Gibraltars 19

3. Gibraltar 1704–1730 23

4. Die Zivilbevölkerung 1704–1729 33
   4.1 Die Protestanten 38
   4.2 Die Katholiken 40
   4.3 Die Juden 44

5. Gibraltar 1730–1753 51

6. Die Zivilbevölkerung 1730–1753 63
   6.1 Die Protestanten 67
   6.2 Die Katholiken 69
   6.3 Die Juden 73

7. Gibraltar 1754–1783 77

8. Die Zivilbevölkerung 1754–1783 81
   8.1 Die Protestanten 86
   8.2 Die Katholiken 87
   8.3 Die Juden 92

9. Ausblick 97

10. Fazit 101

11. Quellen 105

12. Literaturverzeichnis 109

13. Anhang 117

Zum Geleit

Die Beschäftigung mit der Geschichte Gibraltars nimmt in der deutschen Geschichtswissenschaft keinen großen Raum ein. Herr Hausmann hat sich höchst verdienstvoll dieses Themas angenommen. Seine Studie zur Entwicklung Gibraltars im 18. Jahrhundert entstand unter Nutzung der lokalen Bibliothek und des lokalen Archivs im Rahmen eines längeren Aufenthalts in Südspanien. Dabei hat er eine in Deutschland weitgehend unrezipierte Literaturlage zur Geschichte Gibraltars im Allgemeinen und zur dortigen Bevölkerungsentwicklung zwischen 1704 und 1783 im Besonderen erschlossen, auf der er seine Archivforschungen aufbauen konnte. Seine Ergebnisse sind nicht nur ein wichtiger Beitrag zur Geschichte des Spanischen Erbfolgekrieges und seiner Folgen, die erst allmählich systematisch erforscht werden, sondern auch zu den folgenden Kriegen, die Großbritanniens Stellung als global dominierende Macht festgeschrieben haben.

Nach der englisch-niederländischen Eroberung Gibraltars während des Spanischen Erbfolgekrieges im Jahre 1704 und der vertraglichen Manifestation des Übergangs in britischen Besitz im Vertrag von Utrecht 1713, entwickelte sich in der kriegsbedingt weitgehend verwaisten Stadt, von der aus sich der Zugang zum Mittelmeer kontrollieren lässt, im Laufe des 18. Jahrhunderts eine sehr spezifische, äußerst heterogene Gesellschaft. Diese Beobachtung ist der Ausgangspunkt für die Fragestellung, die Herr Hausmann entwickelt hat.

Wiewohl die Rechtspositionen der nicht-militärischen Bevölkerung Gibraltars gegenüber dem Militär beziehungsweise den Gouverneuren im zeitgenössischen Vergleich eher ungünstig waren, entwickelte sich doch nach der Mitte des 18. Jahrhunderts eine prosperierende Stadt mit dynamischer wirtschaftlicher Entwicklung, in welche die *Great Siege* von 1779–1783 trotz weitgehender Zerstörungen nur temporär einen Einschnitt bedeutete.

Während militärische Belange beim Ausbau der Festung Gibraltar gewiss im Mittelpunkt standen, konnte doch die Versorgung derselben nicht allein durch englische Kaufleute gesichert werden. So ließ man nach der Eroberung und der Flucht des überwiegenden Teils der angestammten Bevölkerung bald zahlreiche Juden und genuesische sowie katalanische

Katholiken in die Stadt. Dies ist bemerkenswert und erklärt sich zum Teil aus den spezifischen Interessen der Gouverneure. Während die antikatholischen Tendenzen englischer Politik nach der *Glorious Revolution* von 1688 einen Höhepunkt erreichten und die Ansiedlung von Angehörigen protestantischer Denominationen in Gibraltar phasenweise erklärtes Ziel war, entwickelte sich so unter britischer Herrschaft dennoch stabil eine religiös, konfessionell und ethnisch vielfältig geprägte Bevölkerung, die ökonomisch im westlichen Mittelmeerraum vernetzt war und die eine eigene Identität ausprägen konnte. Im Kontext britischer Geschichte bis in die letzten Jahrzehnte des 18. Jahrhunderts stellt dies eine Ausnahme dar.

PD Dr. Frank Kleinehagenbrock, Würzburg

1. Einleitung

Gibraltar,[1] ein nur etwa fünf Meilen langer Kalksteinfelsen, an dessen Fuß die gleichnamige Stadt liegt, ist das einzige britische Territorium auf dem europäischen Festland. Die günstige Lage direkt am Eingang der Straße von Gibraltar lässt erahnen, dass die Geschichte Gibraltars mit der Geschichte Spaniens und der benachbarten nordafrikanischen Küste eng verwoben ist. Es sei etwa auf die Landung der arabischen Eroberer des Westgotenreichs 711 oder die Eroberung Gibraltars durch die kastilische Krone 1462 verwiesen. Im Laufe der Jahrhunderte wechselte die Herrschaft über Gibraltar zwischen Arabern (711–1462), Kastilien (1462–1704) und Großbritannien (1704/13-heute). Insgesamt 14 Mal wurde Gibraltar belagert.[2] Nicht selten ging eine erfolgreiche Belagerung Gibraltars mit dem Verlust der vorherigen Bevölkerung durch Verbannung oder Flucht einher. Auch nach der letzten erfolgreichen Belagerung 1704 während des Spanischen Erbfolgekriegs (1701–13/14) bildete sich nach dem Weggang der alten Bevölkerung eine neue von Beginn an sehr heterogene Gesellschaft aus, in der die britischen Protestanten eine, wenn auch einflussreiche, Minderheit darstellten. Der größte Teil der Bevölkerung bestand aber aus Katholiken und Juden.[3]

Es wird also der Frage nachzugehen sein, wieso und unter welchen Umständen beziehungsweise Voraussetzungen sich diese ethnisch und religiös differenzierte Bevölkerung in Gibraltar nach der Eroberung durch eine britisch-holländische Flotte im August 1704[4] während des Spanischen Erbfolgekriegs ansiedelte.

---

1 Vgl.: Anlage 1.
2 Vgl.: BENADY, Tito/FINLAYSON, Tomas: Historical Events in Gibraltar. In: Gibraltar Heritage Journal. Nr. 9 (2002). S. 93–98. S. 93 ff.
   Vgl.: ALEXANDER, Marc: Gibraltar. Conquered by no enemy. Stroud 2008. S. 10 ff.
3 Vgl.: FINLAYSON, Tomas: The Gibraltarian Since 1704. In: Gibraltar Heritage Journal. Nr. 9 (2002). S. 23–41. S. 25 f.
4 Vgl.: BAKER, Paul/BALDACHINO, Cecilia: The Naval Involvement in the Capture of Gibraltar in 1704. In: Gibraltar Heritage Journal. Nr. 11 (2004). S. 59–102. S. 69.

Gerade im 18. Jahrhundert muss es doch verwundern, dass die Katholiken den größten Teil der Bevölkerung ausmachten, denen man doch eigentlich nicht erst seit der *Glorious Revolution* von 1688/89 zutiefst misstraute[5], die ihren Glauben aber in Gibraltar dennoch ungehindert ausleben durften. Man hätte jedenfalls erwarten können, dass Katholiken nur sehr eingeschränkt Zugang zu Gibraltar gewährt werden würde und diese sich eher an Spanien anlehnen würden. Beides war aber nicht der Fall.

Ebenso überrascht die große jüdische Gemeinde, die es eigentlich nach Artikel X des Vertrags von Utrecht, durch den Gibraltar Großbritannien von Spanien zugestanden worden war, nicht hätte geben dürfen. Juden gehörten aber wohl zu den ersten Neuankömmlingen, die sich in Gibraltar nach dessen Eroberung niederließen.[6]

Zwar ist es zunächst nicht ungewöhnlich, dass sich gerade in Grenzregionen sehr heterogene Bevölkerungen herausbilden,[7] im Fall von Gibraltar erscheint dies als Erklärung aber deutlich zu kurz gegriffen. Natürlich wird aber darauf einzugehen sein, wie gerade das Verhältnis zu den direkten Nachbarn Gibraltars, nämlich Spanien und Marokko, die Zuwanderung auf unterschiedliche Weise beeinflusste.

Interessant erscheint zudem, welche Stellung die einzelnen Bevölkerungsgruppen innerhalb der Garnisonsstadt Gibraltar einnahmen und wie sie organisiert waren. Hierbei sollte natürlich neben dem Verhältnis der Bevölkerungsgruppen untereinander ebenfalls das Verhältnis der Gouverneure zu den einzelnen Bevölkerungsgruppen von Interesse sein, lag es doch in ihrer Macht, Bewohnern das Wohnrecht in Gibraltar zu erteilen oder gegebenenfalls auch wieder zu entziehen,[8] so dass sie maßgeblichen Einfluss auf die Zuwanderung hatten.

---

5 Vgl.: BLACK, Jeremy: The politics of Great Britain, 1688–1800. Manchester 1993. S. 10.
Vgl.: BOSSY, John: The English Catholic Community. 1570–1850. New York 1976. S. 77 ff.
6 Vgl.: CONSTANTINE, Stephan: Community and identity: The making of Gibraltar since 1704. Manchester 2009. S. 2.
7 Vgl.: ODA-ANGEL, Francisco: A Singular International Area: Borders and Cultures in the Societies of Gibraltar. San Diego 2000. S. 4.
8 Vgl.: CONSTANTINE, 2009. S. 18.

Der zeitliche Rahmen dieser Betrachtung ist hierfür von der Eroberung Gibraltars im August 1704 bis zum Ende der *Great Siege* 1783,[9] deren Bedeutung über den militärischen Aspekt hinausging und für das Verhältnis der Bevölkerung zu Gibraltar von enormer Bedeutung sein sollte, gefasst. Ein Ausblick hinsichtlich der darauf folgenden Zeit erscheint zwar sinnvoll, eine genaue Betrachtung würde aber insofern zu weit gehen, als dass die darauf folgenden Jahre durch die Napoleonische Zeit geprägt waren und somit den Rahmen dieser Arbeit bei Weitem sprengen würden. Zudem wird sich zeigen, dass die Struktur auch der späteren Bevölkerung sich gerade in dem zu behandelnden Zeitraum abzeichnete.

Zunächst sollte der Spanische Erbfolgekrieg bis zur Eroberung Gibraltars 1704 kurz besprochen werden, um die Umstände zu klären, unter denen die Eroberung Gibraltars stattfand.

Inhaltlich wird die Betrachtung der Bevölkerungsentwicklung in drei zeitliche Abschnitte geteilt. Deren Abgrenzung orientiert sich natürlich an den Ereignissen und Entwicklungen, die die Zivilbevölkerung maßgeblich beeinflussten und für diese in gewisser Weise einen Einschnitt bedeuteten. Wie sich noch zeigen wird, konnten für die inhaltliche Abgrenzung unterschiedliche Faktoren eine große Rolle spielen, seien es nun Belagerungen, Verträge mit anderen Mächten wie etwa Marokko oder die Bindung der Gouverneure an bestimmte Rechtsprinzipien.

Bevor allerdings eine Untersuchung der Zivilbevölkerung Gibraltars erfolgen kann, sollten sowohl der europäische Kontext als auch die inneren Verhältnisse in Gibraltar Beachtung finden. Brachte doch beispielsweise ein Krieg zwischen Spanien und Großbritannien immer die Gefahr eines Angriffs auf Gibraltar mit sich. Gleichwohl konnten militärische Konflikte aber auch wirtschaftliche Perspektiven für die Zivilbevölkerung schaffen und sich in dieser Hinsicht positiv bemerkbar machen, etwa durch das Kapern feindlicher Schiffe oder durch den Ausbau von Verteidigungsanlagen. Die Begriffe Zivilbevölkerung bzw. Zivilisten sind freilich für die Frühe Neuzeit nicht unproblematisch.[10] Dass im Folgenden dennoch von einer

---

9   Vgl.: Mc GUFFIE, T. H.: The Siege of Gibraltar, 1779–1783. London 1965. S. 189.
10 Vgl.: PRÖVE, Ralf: Der Soldat in der ‚guten Bürgerstube'. Das frühneuzeitliche Einquartierungssystem und die sozioökonomischen Folgen. In:

Zivilbevölkerung gesprochen wird, liegt daran, dass die militärische Bevölkerung meist räumlich getrennt von der nicht-militärischen Bevölkerung untergebracht wurde, vor allem aber daran, dass die britischen Gouverneure selbst scharf zwischen beiden Bevölkerungsgruppen unterschieden.

Genauso werden die inneren Verhältnisse in Gibraltar zu diskutieren sein. Dabei muss zur Sprache kommen, wie das Verhalten der Gouverneure die Zuwanderung oder das öffentliche Leben beeinflusste. Darüber hinaus sollte darauf eingegangen werden, inwiefern die Bevölkerung Rechtssicherheit hatte und inwieweit etwa den einzelnen Bevölkerungsgruppen politische Partizipation ermöglicht wurde, kam es doch zu bemerkenswerten Kooperationen zwischen Gouverneuren und den einzelnen Bevölkerungsschichten.

Anschließend erscheint es sinnvoll, die Zivilbevölkerung als solche einer genaueren Betrachtung zu unterziehen. Dabei soll genauso auf die Bevölkerungsentwicklung im Allgemeinen wie auch auf die Entwicklung der einzelnen Bevölkerungsgruppen eingegangen werden. Insofern Daten durch Zensus oder Listen von Hauseigentümern erhalten sind, kann auf diese zurückgegriffen werden, um Aufschluss über die Größe und Zusammensetzung der Bevölkerung zu erhalten und diese in den Kontext der geschichtlichen Entwicklung des jeweiligen Zeitraums zu setzen.

Danach können die einzelnen Bevölkerungsgruppen einer genaueren Betrachtung unterzogen werden. Dabei wird zwischen Protestanten, Katholiken und Juden[11] unterschieden. Die hinduistische Gemeinde in Gibraltar entstand erst im 19. Jahrhundert,[12] weshalb ihr in dieser Arbeit keine größere Aufmerksamkeit zuteilwerden kann.

Bei der Betrachtung der einzelnen Bevölkerungsgruppen soll dann nach den Gründen gefragt werden, warum diese in den einzelnen Zeiträumen unterschiedlich stark wuchsen und Veränderungen hinsichtlich der Herkunft einzelner Bevölkerungsgruppen auftraten. Zudem scheint interessant, wie sich die einzelnen Bevölkerungsgruppen organisierten, welchen Regeln

---

KRROENER, Bernhard R./PRÖVE Ralf (Hg.): Krieg und Frieden. Militär und Gesellschaft in der frühen Neuzeit. Paderborn 1996. S. 191–217. S. 216 f.
11 Vgl.: DIAZ-MAS, Paloma: Sephardim: the Jews from Spain. Chicago 1992. S. 35 ff.
12 Vgl.: ARCHER, Edward: Gibraltar, Identity and Empire. London 2006. S. 45.

und Bestimmungen sie unterlagen und aus welchen Gründen sie sich in Gibraltar ansiedelten.

Im Anschluss erfolgt dann ein kurzer Ausblick, der die folgenden Jahre bis zum Ende der Napoleonischen Ära skizzieren soll. Eine Betrachtung dieses Zeitraums scheint nicht nur sinnvoll, um zu klären wie schnell sich die Zivilbevölkerung von der Zäsur der *Great Siege* erholen konnte, sondern auch um festzustellen, ob sich Entwicklungen innerhalb der Zivilbevölkerung auch nach dem Ende der *Great Siege* fortsetzten. Dies sollte natürlich auf solche Entwicklungen beschränkt bleiben, die sich bereits vor der *Great Siege* abzeichneten und zu diesem Zeitpunkt noch nicht abgeschlossen waren, wie etwa die Trennung der katholischen Kirche in Gibraltar vom Bistum Cadiz.[13] Es erscheint dabei durchaus lohnenswert zu diskutieren, inwiefern sich die Bevölkerungsentwicklung Gibraltars in das Konzept der Konfessionalisierung[14] einordnen lässt. Kann sich doch eine Analyse als gewinnbringend erweisen, inwieweit sich die Beobachtungen etwa hinsichtlich der Sozialdisziplinierung auch in Gibraltar wieder finden lassen, zumal die universell gedachte Konfessionalisierungsthese bisher vor allem nur im Zusammenhang des Heiligen Römischen Reichs Anwendung fand.[15] Zwar findet die entsprechende Auseinandersetzung vor allem im Zusammenhang des 16. und 17. Jahrhunderts statt und ihr Geltungsbereich wurde bezüglich Südeuropa eingeschränkt,[16] allerdings entstand in Gibraltar nach 1704 eine neue ausgesprochen heterogene Gesellschaft, sodass hier durchaus von einer Sonderentwicklung gesprochen werden kann. Insofern erscheint eine entsprechende Betrachtung durchaus legitim.

---

13 Vgl.: Ebd. S. 94.
14 Vgl.: KLUETING, Harm: Das Konfessionelle Zeitalter. Europa zwischen Mittelalter und Moderne. Kirchengeschichte und Allgemeine Geschichte. Darmstadt 2007. S. 175 ff.
15 Vgl.: ZIEGLER, Walter: Kritisches zur Konfessionalisierungsthese. In: FRIEß, Peer/KIEßLING, Rolf (Hg.): Konfessionalisierung und Region. Konstanz (=FORUM SUEVICUM. Beiträge zur Geschichte Ostschwabens und der benachbarten Regionen. Band III.) 1999. S. 41–53. S. 49.
16 Vgl.: PELIZAEUS, Ludolf: Die Iberische Halbinsel und die Kolonien zwischen Konfessionalisierung und Sonderweg. In: BROCKMANN, Thomas/WEISS, Dieter: Das Konfessionalisierungsparadigma. Leistung, Probleme Grenzen. Münster (=Bayreuther historische Kolloquien Band 16) 2013. S. 203–220. S. 203 ff.

Abschließend sollen die Ergebnisse der Untersuchungen dann in einem Fazit zusammengefasst werden.

Was die Literatur sowohl über die Geschichte Gibraltars im Allgemeinen als auch hinsichtlich der Geschichte der Bevölkerung angeht, bleibt festzuhalten, dass diese hauptsächlich in englischer Sprache verfasst ist. Es ist zwar ebenfalls spanische Literatur vorhanden, die sich mit Gibraltar beschäftigt, allerdings scheint die Intention vieler dieser Arbeiten hauptsächlich darauf abzuzielen, den Anspruch Großbritanniens auf Gibraltar als illegitim darzustellen.[17] Verständlich wird dies, wenn man sich vergegenwärtigt, welchen hohen symbolischen Wert Gibraltar für Spanien besitzt.[18] Man kommt nicht umhin zu bemerken, dass viele dieser Arbeiten eben zu einer Zeit entstanden, in der der 4. August als Tag der Eroberung Gibraltars in Spanien unter Franco ein Feiertag oder vielmehr ein Trauertag war.[19] Natürlich gibt es ebenfalls neuere spanischsprachige Literatur, die nicht von der Franco-Zeit beeinflusst ist. Diese beschäftigt sich aber eher mit der allgemeinen Geschichte Gibraltars oder den Entwicklungen und Auswirkungen, die die Eroberung Gibraltars auf die Umgebung, den *Campo de Gibraltar,* hatte. Erwähnung verdient allerdings das *Instituto de Estudios Campogibraltareños* in Algeciras, an dem regelmäßig Konferenzen zur Geschichte des *Campo de Gibraltar* auch unter Einbeziehung Gibraltars stattfinden, bei denen sowohl Forschungen aus Gibraltar als auch solche aus Spanien vorgestellt werden.

Hinsichtlich der englischsprachigen Literatur fällt auf, dass diese von Arbeiten zur *Great Siege* dominiert wird. Ein Umstand der sicherlich neben dem großen Interesse in ganz Europa[20] auch dem Ruf Gibraltars als uneinnehmbare Festung, der sich nach dem Sieg über die spanisch-französischen Belagerer endgültig gefestigt hatte,[21] geschuldet ist.

---

17 Vgl. (besonders): de MALVASIA, Gonzalo: Gibraltar por la razon o la fuerza. Madrid 1978. S. 11.
18 Vgl.: CARRINGTON, C. E.: Gibraltar – The Rock with emotional Problem. In: Journal of Commonwealth political studies. Oktober 1966. S. 187–190. S. 187.
19 Vgl.: PRESTON, R. A.: The Gibraltar Question. In: Queen's Quarterly. A Canadian Review. Band LXI. Nr. 2. S. 179–188. S. 179.
20 Vgl.: RUSSEL, Jack: Gibraltar besieged 1779–1783. London 1965. S. 1.
21 Vgl.: SAYER, Frederic: The History of Gibraltar and of it's political Relation to events in Europe. London 1865. S. 420.

Eine erste Auseinandersetzung mit der Bevölkerung Gibraltars stellt Henry Howes Arbeit „*The origin and development of the population of Gibraltar since 1704*"[22] dar, die auch heute noch den Stellenwert eines Standardwerkes besitzt und erstmals 1951 erschien. Eine intensivere Beschäftigung mit der zivilen Geschichte Gibraltars fand dann mit der 1993 erstmals erschienenen Zeitschrift *Gibraltar Heritage Journal* statt. Diese Zeitschrift erscheint jährlich und enthält zahlreiche Aufsätze, die sich unter anderem auch mit der Geschichte der einzelnen Bevölkerungsgruppen beschäftigen. Obgleich es sich bei dem *Gibraltar Heritage Journal* um eine private Initiative zur Aufarbeitung der Geschichte Gibraltars handelt,[23] sind zahlreiche dort veröffentlichte Aufsätze unverzichtbar, will man sich über die Geschichte der Zivilbevölkerung Gibraltars informieren. Gegründet wurde das *Gibraltar Heritage Journal* von Tito Benady, der selbst zahlreiche Arbeiten zur Geschichte Gibraltars veröffentlicht hat, auf die auch in dieser Arbeit nicht verzichtet werden konnte. Hinsichtlich der diesbezüglichen akademischen Aufarbeitung, insbesondere der Zivilbevölkerung Gibraltars, bleibt festzustellen, dass diese, wenn man von vereinzelten früheren Arbeiten absieht, erst seit einigen Jahren stattfindet. Hervorzuheben wäre hier vor allem Stephan Constantine von der Universität in Lancaster, vom dem die momentan beste Einführung[24] in die zivile Geschichte Gibraltars stammt. Entsprechende deutschsprachige Literatur ist kaum vorhanden. Außerhalb Gibraltars und Großbritanniens ist die Gibraltar betreffende Literatur leider kaum verbreitet. So sind in Deutschland Arbeiten zur Geschichte Gibraltars nur in äußerst geringem Umfang in den Bibliotheken zu finden. Die *Garrison Library*[25] in Gibraltar verfügt sicherlich über die bei Weitem größte Sammlung von Arbeiten zur Geschichte Gibraltars und enthält zudem auch einige sehr seltene Arbeiten, so dass es für eine umfassende Einarbeitung in diese Thematik unumgänglich scheint, auf die dort vorhandene Literatur zurückzugreifen.

22 Vgl.: HOWES, Henry: The Gibraltarian. The Origen and Development of the Population of Gibraltar from 1704. Gibraltar² 1982. S. 3.
23 Vgl.: GUERRERO, Eddie: Foreword. In: Gibraltar Heritage Journal. Nr. 2 (1994). vii.
24 Vgl.: CONSTANTINE, 2009.
25 Vgl.: SWIFT, Lona: The Garrison Library. In: Gibraltar Heritage Journal. Nr. 9 (2002). S. 61–70. S. 61 ff.

Hinsichtlich der Quellenlage bleibt festzuhalten, dass diese, gerade was die erste Hälfte des 18. Jahrhunderts angeht, sehr lückenhaft ist. Außerdem wurden wohl nicht wenige Akten während der *Great Siege* vernichtet. Aus der zweiten Hälfte des 18. Jahrhunderts blieben zwar deutlich mehr Dokumente erhalten, diese betreffen aber meist militärische Belange. Es ist leider davon auszugehen, dass viele Dokumente aus dem 18. Jahrhundert über die Zeit verloren gegangen sind, sodass einige Aspekte der Geschichte Gibraltars heute nicht mehr mit Bestimmtheit aufgeklärt werden können oder beispielsweise detailliertere Informationen etwa über Verordnungen und Verhalten der ersten Gouverneure nur durch Berichte ehemaliger Einwohner belegt sind.[26] Die wichtigsten Aktenbestände liegen heute in Archiven in Gibraltar und London, wobei in dieser Arbeit vor allem Akten aus Gibraltar Verwendung fanden. Glücklicherweise sind besonders wichtige Dokumente wie die *Bland's Regulations*[27] oder die Daten des Zensus erhalten geblieben, ohne die Aussagen über die Bevölkerungsentwicklung in Gibraltar wohl nur äußerst schwer zu treffen wären. Des Weiteren sind zwei Tagebücher aus der Zeit der *Great Siege* erhalten, die Frauen von Angehörigen des Militärs verfasst hatten und Aufschluss über die Wahrnehmung der *Great Siege* durch die Bevölkerung geben können.[28] Zudem kann auf die Arbeiten von John Drinkwater[29] und Ignacio Lopez Ayala[30] zurückgegriffen werden, die die Ereignisse der *Great Siege* aus erster Hand schildern können, war doch etwa Drinkwater als Offizier bei dieser persönlich anwesend, was allerdings auch zur Folge hatte, dass seine Chronik von dem militärischen Aspekt der *Great Siege* dominiert wird. Von größerem Informationsgehalt hinsichtlich der Zivilbevölkerung scheinen die erhaltenen Reiseberichte zu sein. Der früheste

---

26 Vgl.: BENADY, Tito: The Depositions of Spanish Inhabitants of Gibraltar to the Inspectors of the Army in 1712. In: Gibraltar Heritage Journal. Nr. 6 (1999). S. 99–114. S. 104.
27 Vgl.: CONSTANTINE, 2009. S. 32.
28 Vgl.: BENADY, Sam: Women of Gibraltar. In: Gibraltar Heritage Journal. Nr. 10 (2003). S. 67–81. S. 69.
29 Vgl.: DRINKWATER, John: A history of the siege of Gibraltar 1779–83: with a description and account of that garrison from the earliest times. London² 1905.
30 Vgl.: AYALA, Ignacio Lopez de: Historia de Gibraltar. Madrid 1782.

ist hierbei der von Dr. Robert Poole aus dem Jahr 1748.[31] Erst 1773 sollte Richard Twiss einen weiteren Reisebericht[32] verfassen. Darüber hinaus sind zwei Reiseberichte[33] im Hannoverischen Magazin veröffentlicht worden, in denen Gibraltar nur wenige Jahre vor der *Great Siege* beschrieben wird.

---

31 Vgl.: POOLE, Robert: Description of Gibraltar in 1748. In: Gibraltar Heritage Journal. Nr. 3 (1995). S. 61–90.
32 Vgl.: BENADY, Tito (Hg.): Description of Gibraltar in 1773. By Richard Twiss. In: Gibraltar Heritage Journal. Nr. 4 (1997). S. 62–69.
33 Vgl.: HEISE, J. C. F.: Beschreibung von Gibraltar und Menorca. In: Hannoverisches Magazin. 69. Stück (26.8.1776). S. 1089–1104.
    Vgl.: ANONYM: Auszug der Nachricht eines Reisenden von der Festung und der Stadt Gibraltar, und deren jetziger Verfassung. In: Hannoverisches Magazin. 31. Stück (18.4.1777). S. 481–496.

2. Der Spanische Erbfolgekrieg bis zur Eroberung Gibraltars

Bevor nun auf Gibraltar selbst eingegangen werden kann, lohnt es sich die ersten Jahre des Spanischen Erbfolgekriegs, in dessen Zusammenhang die Eroberung Gibraltars zu sehen ist, kurz anzusprechen. Zwar wurde der Spanische Erbfolgekrieg bei Weitem nicht nur auf der Iberischen Halbinsel ausgetragen und war auch keineswegs zum Zeitpunkt der Eroberung Gibraltars entschieden,[34] allerdings erscheint eine darüber hinausgehende Betrachtung wenig sinnvoll, gilt das Interesse doch in ersten Linie Gibraltar.

Nach dem Tod des kinderlosen Karls II. von Spanien im November 1700 konnte sich zunächst der französische Kandidat Philip von Anjou als Philip V. (1700–1746) auf dem spanischen Thron durchsetzten.[35] Aber anders als von England und den Niederlanden erhofft, hatte Ludwig XIV. enormen Einfluss auf seinen Enkel. So erreichte dieser, dass Philip ihn zum Stadthalter der Spanischen Niederlande machte, die Einfuhr britischer Waren nach Spanien verbot und das lukrative *Assiento* Monopol an eine französische Firma ging. Dieses Verhalten sorgte dafür, dass sich 1701 eine Allianz aus Großbritannien, den Niederlanden und dem Kaiser bildete, die den Habsburger Kandidaten Erzherzog Karl unterstützte, allerdings mit diesem Bündnis durchaus sehr unterschiedliche Interessen verfolgte.[36]

Zu ersten Kriegshandlungen in Spanien selbst kam es erst 1702, wobei sich hier vor allem Großbritannien und die Niederlande militärisch engagierten. Der Erzherzog schickte als Marschall Georg von Hessen-Darmstadt, der Spanien aus seiner Zeit als Vizekönig Kataloniens gut kannte.[37] Eines der vielleicht

---

34 Vgl. (problematisch): SMID, Stefan: Der Spanische Erbfolgekrieg. Geschichte eines vergessenen Weltkriegs (1701–1714). Köln 2011. S. 194 ff.
Vgl. (mit weiteren Literaturangaben): SCHNETTGER, Matthias: Der Spanische Erbfolgekrieg: 1701–1713/14. München 2014. S. 73 ff.
35 Vgl.: DESOISA, Joe: The political Background to the War of Spanish Succession. In: Gibraltar Heritage Journal. Nr. 11 (2004). S. 13–38. S. 22.
36 Vgl.: DUCHARDT, Heinz: Altes Reich und europäische Staatenwelt 1648–1806. München (=Enzyklopädie Deutscher Geschichte. Band IV.) 1990. S. 25.
37 Vgl.: KING, Dennis: Prince George of Hessen. A hero cast in the old Mould. In: Gibraltar Heritage Journal. Nr. 11 (2004). S. 39–58. S. 42 f.

größten Probleme der Alliierten bestand allerdings darin, dass die Söldner der Alliierten in Spanien hauptsächlich Protestanten waren, so dass diese von der Bevölkerung eher als fremde Eindringlinge und nicht als Armee des legitimen spanischen Königs wahrgenommen wurden. Erschwerend hinzu kamen die Berichte über Plünderungen und Vergewaltigungen durch die Söldner der Alliierten beim fehlgeschlagenen Angriff auf Cadiz 1702.[38] Man war also nicht nur damit gescheitert, den wichtigsten Atlantikhafen Spaniens[39] einzunehmen, sondern hatte auch damit zu kämpfen, dass die spanische Bevölkerung die protestantischen Söldner eher fürchtete, so dass deren Sympathien wohl endgültig bei Philip V. lagen. Hinzu kam, dass gerade in den ersten Kriegsjahren eine enge Verbindung von Theologie und Politik festzustellen ist. So versuchte etwa die bourbonische Seite nicht ganz erfolglos, den Kampf gegen den Erzherzog zum Kampf gegen den Protestantismus zu erklären.[40]

Ein 1703 geschlossenes Bündnis mit Portugal eröffnete den Alliierten die Möglichkeit, den Hafen Lissabons für ihre Flotte zu nutzen, was diesen zu einem wichtigen logistischen Zentrum für die Alliierten machte.[41]

Auf Vorschlag Georgs von Hessen-Darmstadt wurde nun Gibraltar zum neuen Angriffsziel, wusste man doch, dass dieses hoffnungslos unterbesetzt und somit leicht einzunehmen war. Außerdem hofften die Alliierten, von dort aus weiter in Richtung Katalonien vordringen zu können. Einmal eingenommen und ausreichend besetzt, wäre die Festung leicht zu verteidigen gewesen.[42] Hinzu kam, dass Gibraltar bereits früher zu den Festungen gehörte, die englische Begehrlichkeiten geweckt hatten.[43]

---

38 Vgl.: ANDREWS, Allen: Proud Fortress. The fighting story of Gibraltar. London 1958. S. 25.
39 Vgl.: BERNECKER, Walter: Spanische Geschichte: Vom 15. Jahrhundert bis zur Gegenwart. München² 2001. S. 37.
40 Vgl.: RIESS, Marta: Kreuzzugsideologie und Feindbildkonstruktion während des Spanischen Erbfolgekrieges. In.: EDELMAYER; Friedrich u. a. (Hg.): Hispania – Austria III. Der Spanische Erbfolgekrieg. Wien (= Studien zur Geschichte und Kultur der Iberischen und Iberoamerikanischen Länder. Band 13) 2008. S. 161–192. S. 175.
41 Vgl.: GARRATT, G. T.: Gibraltar and the Mediterranean. New York² 2007. S. 37.
42 Vgl.: HILLS, George: Rock of Contention. A History of Gibraltar. London 1974. S. 201.
43 Vgl.. BENADY, Sam: Contacts between England and Gibraltar before 1704. In: Gibraltar Heritage Journal. Nr. 11 (2004). S. 3–12. S. 10.

Am 1. August 1704 erschien eine englisch-niederländische Flotte mit 18 Schiffen. Noch am gleichen Tag gelang es etwa 2000 *Marines* direkt vor Gibraltar zu landen.[44] Auf der Gegenseite konnte der Gouverneur Don Diego de Salinas, der Philip V. die Treue hielt, aber nur auf 470 einsatzfähige Männer zurückgreifen, von denen etwa die Hälfte der schlecht ausgebildeten Stadtmiliz angehörten. Außerdem verfügte die Festung zu diesem Zeitpunkt nur über zwölf ausgebildete Kanoniere. Ein Kapitulationsangebot vom folgenden Tag lehnte der Gouverneur trotz der aussichtslosen Lage ab.[45] Die Kampfhandlungen begannen noch am gleichen Tag, wobei die Spanier kaum zur Gegenwehr fähig waren. Gibraltar wurde gestürmt. Die Verteidiger zogen sich in höhere Stellungen zurück und die Familien, die zum *Shrine of Our old Lady of Europe,* einer am südlichen Ende Gibraltars gelegenen Kapelle, die zugleich der Patronin Gibraltars geweiht war, geflohen waren, wurden gefangen genommen und zu Geiseln gemacht. Am 4. August 1704 folgte die Kapitulation.[46] Die alliierte Flotte hatte bis dahin etwa 15 000 Schuss auf Gibraltar abgefeuert, wodurch zahlreiche Häuser unbewohnbar wurden. Nicht zuletzt deshalb mangelte es der alliierten Flotte wenig später in der unentschiedenen Seeschlacht bei Malaga so sehr an Munition, dass sich einige Schiffe während der Schlacht zurückziehen mussten.[47]

Obwohl Georg von Hessen-Darmstadt Gibraltar im Namen des Erzherzogs einnahm und allen Bewohnern garantierte, dass diese ihren Besitz und ihre bisherigen Rechte behalten würden, verließ nahezu die gesamte Bevölkerung die Stadt. Dabei wurde sowohl dem Militär als auch der Bevölkerung freies Geleit zugesichert. Der Umstand, dass es vor und nach der Kapitulation aller Verbote zum Trotz zu Plünderungen kam, hatte die Bevölkerung wohl zusätzlich in dem Entschluss bestärkt, Gibraltar zu verlassen. Zumal wahrscheinlich auch hier das Verhalten der alliierten Soldaten beim

---

44 Vgl.: BAKER/BALDACHINO, (2004). S. 65.
45 Vgl.: BENADY, Tito: The Civilian Population in 1704. In: Gibraltar Heritage Journal. Nr. 11 (2004). S. 119–134. S. 119.
46 Vgl.: ARES, Jose Manuel de Bernardo: Gibraltar (1704): una encrucijada britanica entre el Mediterraneo y el Atlantico. In: EDELMAYER, Friedrich u. a. (Hg.): Hispania – Austria III. Der Spanische Erbfolgekrieg. Wien (= Studien zur Geschichte und Kultur der Iberischen und Iberoamerikanischen Länder. Band 13) 2008. S. 211–230. S. 211.
47 Vgl.: GARRATT, 2007. S. 40 f.

Angriff auf Cadiz zwei Jahre zuvor noch gut im Gedächtnis der Bevölkerung verankert war.[48] In der Konsequenz des Exodus der Bevölkerung entstanden Algeciras und San Roque, dem wenig später von Philip V. alle Stadtrechte Gibraltars übertragen wurden und das den größten Teil des 18. Jahrhunderts das Zentrum des *Campo de Gibraltar* bilden sollte.[49] Man geht davon aus, dass von etwa 5 000 Einwohner höchstens 119 in Gibraltar blieben, die genaue Zahl ist aber unbekannt.[50]

---

48 Vgl.: BENADY, T., (2004). S. 120.
49 Vgl.: VASQUEZ, Manuel Alverez: La perdida de Gibraltar y el nacimiento de la nueva poblacion de los barrios. In: Almoraima. Nr. 34 (2007). S. 51–66. S. 53 ff.
50 Vgl.: ELLICOTT, Dorothy: From Rooke to Nelson 1704–1805: 101 eventful years in Gibraltar. Gibraltar 1965. S. 10.

3. Gibraltar 1704–1730

Gibraltar, dessen Bevölkerung zuvor vom Export landwirtschaftlicher Güter aus dem Hinterland lebte, war nun von diesem abgeschnitten. Ein weiteres Vordringen in das Hinterland gelang nicht.[51] Die Eroberung Gibraltars erfolgte zunächst im Namen des Habsburger Thronprätendenten. So verwundert es nicht, dass Georg von Hessen-Darmstadt die Position des Gouverneurs zukam,[52] der abgesehen von einigen hundert Katalanen, die auf der Seite des Erzherzogs kämpften,[53] über keine eigenen Soldaten in Gibraltar verfügte. Zum Zeitpunkt der Eroberung wurde Gibraltar jedenfalls als Festung des Erzherzogs gesehen. Eine dauerhafte Trennung von Spanien war noch nicht abzusehen.[54]

Absehbar war aber ein spanisch-französischer Gegenangriff, allerdings wollten die Alliierten Gibraltar sicher nicht so einfach wieder verlieren, wie sie es gewonnen hatten.[55] Es ging nun also nicht nur darum, genügend Truppen in Gibraltar zu lassen, um die Festung ausreichend zu besetzen,[56] sondern auch darum, die Schäden an dieser ausreichend zu reparieren, um einem spanischen Angriff widerstehen zu können. Es liegt dabei nahe, dass Baumaterial und Arbeitskräfte nicht aus dem spanischen Umland bezogen werden konnten, so dass anzunehmen ist, dass Georg von Hessen-Darmstadt sehr bald nach der Eroberung die Möglichkeit ins Auge fasste, diese aus Marokko zu beziehen.

Der erwartete Angriff auf Gibraltar begann im Oktober 1704 und dauerte bis Ende März 1705. Dabei setzten Spanier und Franzosen sowohl Infanterie und Artillerie als auch Kriegsschiffe ein. Dennoch gelang ihnen keine effektive Seeblockade, wodurch es den Alliierten möglich war, Gibraltar

---

51 Vgl.: CONSTANTINE, 2009. S. 14.
52 Vgl.: BENADY, Tito: The Governors of Gibraltar (1704–1730). In: Gibraltar Heritage Journal. Nr. 9 (2002). S. 42–60. S. 45.
53 Vgl.: Ders.: Spaniards in Gibraltar after the Treaty of Utrecht. In: Gibraltar Heritage Journal. Nr. 7 (2000). S. 125–144. S. 125 f.
54 Vgl.: HILLS, 1974. S. 203.
55 Vgl.: CONSTANTINE, 2009. S. 38.
56 Vgl.: POWER, Vincent: The Garrison of Gibraltar 1 (1704–1791). In: Gibraltar Heritage Journal. Nr. 14 (2007). S. 45–62. S. 46.

über Konvois zu versorgen. Zudem erschwerten ein ungewöhnlich nasser Winter und Seuchen die Bemühungen der Angreifer. Heftiger Beschuss allein, wie sich auch später noch zeigen sollte, reichte nicht aus, um die starke Festung einzunehmen,[57] auch wenn die Angreifer auf die Ortskenntnisse der ehemaligen Bewohner zurückgreifen konnten. Ein Überraschungsangriff bei dem 500 spanische Soldaten unbemerkt von einem ehemaligen Einwohner Gibraltars über die steile Ostseite des *Rock* geführt wurden, wurde entdeckt und geriet zum Desaster.[58]

Zwar gelang es den Angreifern nicht, Gibraltar einzunehmen, die etwa 80 000 Schuss, die während der etwa sechs Monate dauernden Belagerung abgefeuert wurden, verursachten aber schwere Schäden, was zu einer noch größeren Verknappung bewohnbarer Häuser führte.[59] Von den Zerstörungen der Jahre 1704/05 sollte Gibraltar sich nur sehr langsam erholen.[60]

Nachdem Gibraltar nun vorerst militärisch gesichert schien, verließ Georg von Hessen-Darmstadt im August 1705 Gibraltar[61] und überließ die Verwaltung Gibraltars einem *Lieutenend Governor*, eine Praxis die auch bei einigen späteren britischen Gouverneuren vorkommen sollte.[62] Noch während der Belagerung hatte Georg von Hessen-Darmstadt für diese Position eigentlich Henry Nugent (Aug. 1704-Nov. 1704)[63] vorgesehen. Allerdings rief die Wahl Nugents für diese Position bei den britischen Offizieren großen Widerstand hervor. Nugent war irischer Katholik und kämpfte während der *Glorious Revolution* auf der Seite des *Pretenders*. Der Tod Nugents während der Belagerung 1704/05 löste dieses Problem. Danach ernannte Georg von Hessen-Darmstadt in Absprache mit John Meuthen, dem britischen Botschafter in Lissabon, John Shrimpton (1704–1707)[64] für diese

---

57 Vgl.: BENADY, Sam: The Siege of 1704-5. In: Gibraltar Heritage Journal. Nr. 11 (2004). S. 103–118. S. 103 ff.
58 Vgl.: ALEXANDER, 2008. S. 58 ff.
59 Vgl.: LAWSON, Don: The Lion and the Rock: the Story of the Rock of Gibraltar. London 1969. S. 48.
60 Vgl.: STETSON, Conn: Gibraltar in British Diplomacy in the Eighteenth Century. New Havon 1942. S. 23.
61 Vgl.: KING, (2004). S. 52.
62 Vgl.: Anlage 2.
63 Vgl.: Anlage 2.
64 Vgl.: Anlage 2.

Position, der hierfür in den Rang eines Brigadier Generals der Habsburger Armee befördert wurde.[65]

Die Bedeutung des kurzen Aufenthalts des Hessischen Prinzen als Gouverneur in Gibraltar sollte hier nicht unterschlagen werden. So ernannte er vor seiner Abreise den Spanier Alonzo de la Capela zum Richter und Joseph Correns zum Hafenmeister. Allerdings behielt nur der zuletzt genannte seine Stellung auch nach dem Frieden von Utrecht.[66] Dies unterstreicht, dass Gibraltar während des Spanischen Erbfolgekriegs noch mit dem Erzherzog assoziiert wurde, auch wenn sich nach dem Tod Georgs von Hessen-Darmstadt im September 1705 zunehmend der englische Einfluss in Gibraltar abzeichnete, wobei das Interesse des Erzherzogs an Gibraltar wohl auch eher gering gewesen sein dürfte.[67] Außerdem war es Georg von Hessen-Darmstadt, der Gibraltar im Juni 1705 zum ersten Mal zum Freien Hafen erklärte, um mit Hilfe des Seehandels den weggebrochenen Handel mit dem Hinterland zu ersetzen und so der neuen Bevölkerung eine wirtschaftliche Grundlage zu schaffen. Im darauf folgenden Jahr wurde die Erklärung Gibraltars zum Freien Hafen von Queen Anne bestätigt, so dass Gibraltar auch nach dem Frieden von Utrecht ein Freier Hafen blieb,[68] wodurch weitgehend abgabenfreier Handel, auch mit Schiffen gegnerischer Mächte, ermöglicht wurde. Während des 18. Jahrhunderts sollte Gibraltar allerdings für den Mittelmeerhandel keine besonders große Bedeutung zukommen. Handel wurde vor allem mit spanischen und marokkanischen Häfen getrieben. Während des Spanischen Erbfolgekriegs fungierte Gibraltar insbesondere als Basis für den Handel mit den von Philip V. abtrünnigen Gebieten, wie etwa Katalonien. Allerdings sollte auch nicht unerwähnt bleiben, dass der genaue Umfang des Handels beispielsweise mit Marokko nicht bekannt ist, da leider keine entsprechenden Hafenbücher geführt wurden.[69]

---

65 Vgl.: BENADY, Tito: Governors I., (2002). S. 44.
66 Vgl.: Ders.: (2000). S. 125.
67 Vgl.: Ders.: Governors I., (2002). S. 48.
68 Vgl.: CONSTANTINE, 2009. S. 16.
69 Vgl.: BENADY, Tito: Trade and Contraband in Gibraltar in the Eighteenth and Nineteenth Centuries. In: VASSALLO, Carmel/D`ANGELO, Michela (Hg.): Anglo-Saxons in the Mediterranean: Commerce, Politics and Ideas (XVII.–XX. Centuries). Malta 2007. S. 63–81. S. 66 f.

Im Übrigen könnte man durchaus diskutieren, inwieweit Gibraltar ein Freier Hafen war. Zwar konnten in Gibraltar auch Schiffe feindlicher Mächte Handel treiben, dies geschah allerdings nicht ohne Gebühren. Die Gouverneure des 18. Jahrhunderts waren im Allgemeinen meist sehr korrupt.[70] So soll Gouverneur Shrimpton, der persönlich in finanziellen Schwierigkeiten steckte, zehn Kanonen der Festung verkauft und das Geld unterschlagen haben. Sein Nachfolger Roger Elliott (1707–1711)[71], war nicht nur der erste Gouverneur, der von Queen Anne (1702–1714) allein ernannt worden war, sondern auch derjenige, der als erster Einnahmen aus Steuern, Gebühren und Lizenzen unterschlagen hatte. Diese Praxis sollte von seinen Nachfolgern noch lange beibehalten werden. Die *Tories* unterstellten ihm 1710 sogar, dass er bei ausreichender Bezahlung, Gibraltar auch an die Spanier verkaufen würde.[72] Wie viel Wahrheitsgehalt diese Unterstellung hatte, lässt sich nicht mehr klären. Roger Elliott wurde bereits Anfang 1711 durch Brigadier-General Thomas Stanwix (1711–1713)[73] ersetzt. Als 1712 vom britischen Parlament entsendete Inspektoren Gibraltar besuchten, fiel ihr Urteil allerdings derart vernichtend aus, dass bereits im darauf folgenden Jahr die Position des Gouverneurs neu vergeben wurde.[74] Dabei hatte sich Stanwix während seiner kurzen Amtszeit wenig Freunde gemacht, so verbannte er 1712 die Mönche eines Franziskanerklosters, um aus dessen Gotteshaus eine protestantische Kirche zu machen oder bot protestantischen Soldaten mietfreie Häuser an, falls sie diese reparieren würden, nur um sie dann doch an den Meistbietenden zu vergeben.[75] Sein Nachfolger sollte der Earl of Portmore (1713–1730) werden, der bis zu seinem Tod 1730 Gouverneur blieb, sich selbst aber nur zwei Mal in Gibraltar aufhielt. Seine Aufgaben wurden von Untergebenen wahrgenommen, die ihn in Gibraltar als *Lieutenant Governors* oder als *Commanders in Chief* vertraten. Das Verhalten Elliotts und Stanwix hatte wohl zu der Überzeugung geführt,

---

70 Vgl.: BRADFORD, Ernle: Gibraltar. The history of a fortress. London 1971. S. 52.
71 Vgl.: Anlage 2.
72 Vgl.: BENADY, T.: Governors I., (2002). S. 48 f.
73 Vgl.: Anlage 2.
74 Vgl.: BENADY, T.: Governors I., (2002). S. 49.
75 Vgl.: ELLICOTT, Dorothy: Our Gibraltar. A Short History of the Rock. Gibraltar 1975. S. 20.

dass man einen älteren und erfahreneren Gouverneur wählen sollte. Ohne Zweifel erfüllte Portmore diese Anforderungen. Das Einzige, was Zeitgenossen ihm anlasteten, war seine Ehe mit einer ehemaligen Geliebten James II. Seine militärische Karriere, während der er unter anderem auf Seiten Wilhelms von Oranien bei der *Glorious Revolution* kämpfte, und seine Erfahrungen in Spanien sprachen jedenfalls für ihn. Die Vertreter Portmores waren allerdings nicht minder korrupt wie seine Vorgänger, so dass sich die Verhältnisse in dieser Hinsicht kaum änderten.[76] *Lieutenant Governor* Ralph Congreve (1713–1716)[77] verfeinerte sogar noch die finanzielle Ausbeutung der Bevölkerung, indem er beispielsweise das Schlachtmonopol an vier Händler verkaufte, wodurch die Preise für frisches Fleisch stark anstiegen.[78]

In Congreves Amtszeit fiel ebenfalls der Vertrag von Utrecht, durch den Großbritannien 1713 aus dem Spanischen Erbfolgekrieg ausschied. Letztendlich war es der Wahlsieg der Tories im britischen Parlament, der den Weg für diesen Separatfrieden ebnete und für den Ausgang des Spanischen Erbfolgekriegs entscheidend sein sollte. Dass dabei die Verhandlungen im Wesentlichen von Briten und Franzosen geführt wurden, trug zu seiner Akzeptanz in Spanien allerdings nicht bei.[79] Artikel X des Vertrags von Utrecht regelte die Abtretung Gibraltars und des 1708 ebenfalls eroberten Menorcas an Großbritannien.[80] Darin wurde die Größe Gibraltars auf die Reichweite zweier Kanonenschüsse festgelegt, was schon allein deshalb problematisch scheint, da nicht definiert wurde, wie weit ein Kanonenschuss reichte. Dass Spanier und Briten bereits kurz vor Abschluss des Vertrags von Utrecht versuchten, strategisch wichtige Positionen im Grenzgebiet zu besetzen, kann also kaum überraschen.[81] Außerdem wurde gegen britische Interessen durchgesetzt, dass weder Juden noch Moslems in Gibraltar siedeln durf-

---

76 Vgl.: BENADY, T.: Governors I., (2002). S. 50 ff.
77 Vgl.: Anlage 2.
78 Vgl.: ELLICOTT, 1975. S. 20.
79 Vgl.: de LUNA, Jose Carlos: Historia de Gibraltar. Madrid 1944. S. 363.
80 Vgl.: VIDAL, Josep Juan: La Guerra de Sucesion a la Corona de España: Las Islas Baleares entre Austrias y Borbones. In: EDELMAYER, Friedrich u. a. (Hg.): Hispania-Austria III. Der Spanische Erbfolgekrieg. Wien (=Band 13) 2008. S. 231–257. S. 237 f.
81 Vgl.: CO 389/54 Instructions for Admiral James Wishard 28.2.1713

ten.[82] Diese Bestimmung war allerdings kaum erfüllbar, zumal Gibraltar vom spanischen Hinterland abgeschnitten war und somit nur noch der Handel mit Marokko zur Versorgung der Garnison blieb. Für diesen wiederum war es unumgänglich, auf die Hilfe jüdischer Einwohner, die zu einem großen Teil aus Marokko stammten, zurückzugreifen,[83] so dass diese Forderung Philips V. unerfüllt blieb. War bereits eine protestantische Festung auf der Iberischen Halbinsel für die spanische Krone kaum hinnehmbar, so sollte wenigstens eine Rückkehr der im 15. Jahrhundert vertriebenen Juden und Moslems verhindert werden. Zwar konnte das Verhältnis zu Spanien zwischen 1716 und 1718 deutlich verbessert werden, so dass der Handel auf dem Landweg in größerem Umfang möglich war, allerdings änderte sich dies rasch, als Philips V. Engagement in Italien den Widerstand der Quadrupelallianz und damit auch Großbritanniens heraufbeschwor und in der folgenden militärischen Auseinandersetzung von diesen geschlagen wurde.[84] Das Verhalten Spaniens in Italien sorgte für britisches Misstrauen in dessen Zuverlässigkeit, so dass die Beziehungen zu Marokko wieder intensiviert wurden. Am Ende dieser Annäherung stand der britisch-marokkanische Vertrag von 1721, der unter anderem den Handel zwischen den Häfen beider Länder regelte.[85]

Mit dem Vertrag von Utrecht von 1713 war Gibraltar nun auch offiziell eine britische Festung. Zum ersten Mal seit dem Verlust von Calais 1558 verfügte Großbritannien wieder über ein Territorium auf dem Europäischen Kontinent. Allerdings galt Menorca schon allein wegen des deutlich besseren Hafens und der strategisch günstigen Lage in der Nähe des Hafens von Touloun als die bei Weitem wichtigere Eroberung.[86] Gibraltar hingegen wurde von vielen Briten als eher teurer Luxus angesehen und in der Tat stiegen die Kosten für den Unterhalt der Festung während des 18. Jahrhunderts

---

82 Vgl.: GARRATT, 1997. S. 49.
83 Vgl.: HOWES, 1982. S. 3.
84 Vgl.: SAYER, 1865. S. 155.
85 Vgl.: Britisch-marokkanischer Vertrag von 1721. Zitiert nach: BENADY, Tito: The Jewish Community of Gibraltar. In: BARNETT, Richard/SCHWAB, Walter (Hg.): The Sephardim Heritage: The Western Sephardim. Gibraltar 1989. S. 144–179. S. 149 f.
86 Vgl.: ANDREWS, 1958. S. 55.

stetig an.[87] Außerdem war klar, dass ein britisches Gibraltar das Verhältnis zu Spanien nachhaltig stören würde, so dass bei der britischen Diplomatie durchaus eine große Bereitschaft existierte, Gibraltar mit Spanien zu tauschen. Dass es nicht dazu kam, war wohl einzig dem Widerstand des britischen Parlaments geschuldet, das Gibraltar mit der protestantischen Sache identifizierte.[88] Später galt Gibraltar der britischen Öffentlichkeit als Symbol britischer Stärke, was einen Tausch mit Spanien zusätzlich erschwerte, wenn nicht gar unmöglich machte.[89]

Gibraltar, das zuvor wenigstens noch formal mit dem Erzherzog assoziiert worden war, wurde mit dem Vertrag von Utrecht zur britischen Garnisons- und Festungsstadt, an deren Spitze ein Gouverneur aus dem Militär stand. Dieser hatte sich nur dem König und den königlichen Ministern gegenüber zu verantworten.[90] Die Gouverneure waren, was ihre Befugnisse anging, die Vertreter des Königs in Gibraltar. Ihre Verfügungsgewalt bezog sich somit auch auf die Zivilisten. Gibraltar wurde in der Folge weitgehend mit militärischem Recht regiert,[91] was auch Zivilisten mit einschloss. Diesen kam dabei eine schwache Stellung zu. Allerdings war es auch der Handel mit dem Militär, der während des 18. Jahrhunderts die wirtschaftliche Grundlage Gibraltars bilden sollte. Die Zivilbevölkerung war natürlich in der Garnisonsstadt Gibraltar dem Militär untergeordnet. Der *Town Major*, der für die Zivilbevölkerung zuständig war und vom Gouverneur ernannt wurde, entstammte ebenfalls, auch über das 18. Jahrhundert hinweg, dem Militär. Es überrascht nicht, dass der militärische Charakter Gibraltars sich auch auf das Leben der Zivilbevölkerung auswirkte. So markierten Kanonenschüsse Beginn und Ende jeden Tages. Außerhalb dieses Zeitraums durften Zivilisten ihre Häuser nicht verlassen.[92] Fanden diese beim Gouverneur im Falle von Missständen kein Gehör, so blieb ihnen oftmals nur die Möglichkeit, sich direkt per Petition an den König oder den *Privy Council*

---

87 Vgl.: STETSON, 1942. S. 261.
88 Vgl.: HILLS, 1974. S. 280.
89 Vgl.: GROCOTT, Chris/STOCKEY, Gareth: Gibraltar. A modern history. Cardiff 2012. S. 21 f.
90 Vgl.: CONSTANTINE, 2009. S. 69 f.
91 Vgl.: FINLAYSON, Tomas: Stories from the Rock. Gibraltar 1996. S. 1.
92 Vgl.: CONSTANTINE, 2009. S. 71 f.

zu wenden.⁹³ Es sollte bis 1720 dauern, bis durch die *1. Charter of Justice* ein Zivilgericht in Gibraltar etabliert wurde. Initiiert wurde dies allerdings nicht vom Gouverneur, sondern durch eine an die *Lord Commissionars of Trade and Plantation* gerichtete Petition[94] britischer Händlern aus Gibraltar, die allerdings wohl auch über einflussreiche Unterstützer in London verfügten. Anlass für diese Petition war das Verhalten des genuesischen Händlers Sturla, der den britischen Händlern Geld schuldete und nicht bezahlen wollte. Normalerweise hätte man in diesem Fall den genuesischen Konsul eingeschaltet, nur war Sturla selbst der Konsul. Die Petition hatte Erfolg und bereits im November 1720 trat die *1. Charter of Justice* in Kraft. Ein Richter sollte zusammen mit zwei Händlern, die ihn als Schöffen beraten sollten, dem Gericht vorstehen. Ein ziviles Gericht für Kriminalfälle sah die *1st. Charter of Justice* allerdings nicht vor.[95]

Die Italienpolitik Philips V. führte zum Zerwürfnis zwischen Spanien und Großbritannien, das am Scheitern der spanischen Revisionsbemühungen aktiv beteiligt war. Zu Beginn der 1720er Jahre wurde schnell klar, dass Spanien wieder versuchen würde, Gibraltar zurückzuerobern, wodurch immer deutlicher wurde, dass eine zuverlässige Versorgung der Stadt mit Nahrungsmitteln und Baumaterial nur über den Handel mit Marokko gewährleistet werden konnte.[96] Vier Verträge, die Spanien mit dem Kaiser 1725 schloss, sollten Philip V. die nötige Unterstützung für einen Angriff auf Gibraltar sichern. Waren ihm doch bis zu 30 000 österreichische Soldaten zugesichert worden. Die Herrenhauser Allianz[97] aus Preußen, Hannover, Großbritannien, Dänemark, Frankreich und Schweden, die sich gegen das Spanisch-Österreichische Bündnis richtete, hielt die Habsburger aber davon ab, Philip V. bei seinen Plänen zur Rückeroberung Gibraltars zu unterstützen.[98] Weitgehend isoliert und ohne eine ausreichend große Flotte, die in

---

93 Vgl.: FINLAYSON, 1996. S. 3 f.
94 Vgl.: TNA PRO: PC 1/4/99/1.
95 Vgl.: BENADY, Tito: The Complaint of The Chief Justice of Gibraltar. In: Gibraltar Heritage Journal Nr. 4 (1997). S. 18–23. S. 18 f.
96 Vgl.: HOWES, 1982. S. 3.
97 Vgl: DURCHARDT, Heinz: Balance of Power und Pentarchie. Internationale Beziehungen 1700–1785. Paderborn (= Handbuch der Geschichte der internationalen Beziehungen. Band IV.) 1997. S. 274.
98 Vgl.: JACKSON, William: The Rock of Gibralteans. Gibraltar⁴ 2001. S. 123.

der Lage gewesen wäre, Gibraltar von der Unterstützung der britischen Flotte abzuschneiden, wurden die Chancen von spanischen Generälen für einen erfolgreichen Angriff auf Gibraltar als eher gering eingeschätzt. Es war vor allem der Prahlerei des spanischen Vizekönigs von Navarra, dem Marquis de la Torres, der behauptete er könne Gibraltar binnen sechs Monate erobern, wenn man ihm nur genug Geschütze überlassen würde, zuzuschreiben, dass Spanien 1727 Gibraltar erneut, diesmal ohne nennenswerten Einsatz der Marine, angriff. Der Angriff mit etwa 18 500 Soldaten und etwa 100 Kanonen erfolgte ohne Kriegserklärung und wurde mit dem Bruch des Artikels X des Vertrags von Utrecht gerechtfertigt. Zwar traf es zu, dass der Vertrag von Utrecht in mehrfacher Hinsicht von Großbritannien gebrochen worden war,[99] der Angriff selbst aber zeigte nur wenig Wirkung. Gibraltar war gegen einen reinen Landangriff ausreichend befestigt und konnte die Versorgung mit Lebensmitteln weiterhin über den Seeweg gewährleisten. Die Belagerung sollte nur von Februar bis Juni 1727 dauern. Dabei scheiterten die Angreifer unter anderem auch daran, dass die Geschütze wegen des Dauerbeschusses durch Materialverschleiß unbrauchbar wurden und Ersatz nicht in angemessener Zeit beschafft werden konnte.[100] Schwerer als der Angriff selbst wogen für Gibraltar allerdings, ähnlich wie bereits bei der Belagerung von 1704/05, die Schäden, die der Beschuss an den Gebäuden der Stadt anrichtete. Die Belagerung von 1727 machte nicht nur die Aussichtslosigkeit eines reinen Landangriffs deutlich, sie offenbarte ebenfalls, dass Großbritannien Gibraltar nicht kampflos aufgeben würde.[101] In der Folge mussten sich die Spanier auf die Blockade der Landverbindung zwischen Gibraltar und dem angrenzenden Umland beschränken. Der Frieden von Sevilla 1729 beendete zwar offiziell den Kriegszustand und Spanien musste die Abtretung Gibraltars nochmals bestätigen, die Grenze zum spanischen Hinterland aber blieb weitgehend geschlossen.[102]

---

99 Vgl.: SELPULVEDA, Isidro: Gibraltar la razon y la fuerza. Madrid 2004. S. 114.
100 Vgl.: GARRATT, 2007. S. 58 ff.
101 Vgl: DIETZ, Peter: Gibraltar. In: DIETZ, Peter (Hg.): Garrison: Ten British Military Towns. London 1986. S. 177–200. S. 184.
102 Vgl.: DENNIS, Philip: Gibraltar and It's People. London 1990. S. 28.

Erwähnenswert scheint ebenfalls der Vorstoß der *Lord Commissionars of Trade and Plantation* von 1728, in Gibraltar eine zivile Verfassung nach dem Vorbild Tangers einzuführen.[103] Tanger war zwischen 1662 und 1684 ein britischer Stützpunkt an der Küste Marokkos. Die Verfassung, die Tanger am 4. Juni 1668 gewährt wurde, war dazu gedacht, britischen Händlern Rechtssicherheit zu bieten und diese dadurch anzulocken.[104] Die zivile Administration aus einem *Town Major* und sechs *Eldermen* sollte allerdings nicht wie in Tanger von allen Christen, sondern im Falle Gibraltars nur von Protestanten gewählt werden. Ein weiterer Unterschied zur Verfassung Tangers bestand darin, dass Soldaten von der Gerichtsbarkeit des ebenfalls in diesem Entwurf vorgesehenen zivilen Gerichts nicht ausgenommen wurden. Eine Verfassung erhielt Gibraltar jedoch nicht, was auch dem Finanzbedarf des Militärs geschuldet war, das auf die Einnahmen aus der Zivilverwaltung etwa durch Mieten oder Lizenzen angewiesen war. Außerdem war Portmore sowohl Gouverneur Gibraltars als auch Mitglied des *Privy Councils*, so dass er den Interessen des Militärs Gehör verschaffen konnte.[105] Für Tanger hatte die Verfassung keine allzu positive Wirkung. So waren es unter anderem Streitigkeiten zwischen der zivilen und militärischen Verwaltung, die Tanger soweit ruinierten, dass dieser Stützpunkt 1684 schlicht aufgegeben wurde.[106]

1729 gelang es zudem, den britisch-marokkanischen Vertrag von 1721 zu verlängern. Diesmal konnten die Briten allerdings innere Unruhen in Marokko dazu nutzen, einige Artikel in ihrem Sinne abzuändern. Betroffen waren hiervon vor allem die Möglichkeiten für marokkanische Untertanen, sich in Gibraltar längere Zeit aufzuhalten.[107]

---

103   Vgl.: CONSTANTINE, 2009. S. 90 f.
104   Vgl.: ROUGH, E. M. G.: Tanger England's Lost Atlantic Outpost. London 1912. S. 118.
105   Vgl.: BENADY, T., (1997). S. 19.
106   Vgl.: BENADY, S.: Contacts. (2004). S. 8.
107   Vgl.: HIRSCHBERG, H. Z.: Jews and Jewish Affairs in the Relations between Great Britain and Marocco in the 18th Century. In: FINESTEIN, I. u. a. (Hg.): Essays presented to Chief Rabbi Israel Brodie on the occasion of his seventieth Birthday. London 1967. S. 153–183. S. 163 f.

4. Die Zivilbevölkerung 1704–1729

Es sollte an dieser Stelle unterstrichen werden, dass, obgleich Gibraltar zwischen 1704 und 1713 wie erwähnt mit dem Erzherzog assoziiert wurde, der Habsburger Einfluss, spätestens nach dem Tod Georgs von Hessen-Darmstadt, auf Gibraltar äußerst gering war. Insofern gilt es auch vor der formalen Abtretung Gibraltars 1713, auf den englischen beziehungsweise britischen Einfluss auf Gibraltar hinzuweisen, zumal ab 1707 die Gouverneure Gibraltars von der britischen Königin ernannt wurden und es schließlich die Gouverneure waren, die bestimmten, wer in Gibraltar leben und arbeiten durfte.[108]

Über die verbliebene Bevölkerung in Gibraltar kurz nach der Eroberung ist, wie erwähnt, leider nicht viel bekannt. Neben den maximal 119 Spaniern lebten zu diesem Zeitpunkt wohl auch einige Genuesen in Gibraltar. Immerhin sind drei Genuesen dadurch belegt, dass ihnen Georg von Hessen-Darmstadt Besitz verlieh.[109] Außerdem ließen sich Katalanen aus dem Gefolge Georgs von Hessen-Darmstadt auf Gibraltar nieder. Auch wenn der genaue Umfang der verbliebenen Bevölkerung heute nicht mehr aufgeklärt werden kann, reichte die Größe der verbliebenen Bevölkerung sicherlich kaum aus, um den Bedarf an zivilen Arbeitskräften und Handwerkern der Garnison zu decken. Gibraltar war also auf Migration angewiesen. Die Bedingungen hierfür waren allerdings wenig attraktiv. Zwar hatten die ehemaligen Einwohner Gibraltars ihren Besitz verwirkt, als sie Gibraltar verließen, allerdings waren viele Häuser durch den Beschuss der Eroberer beziehungsweise der darauf folgenden Belagerung unbewohnbar. Zumal man zusätzlich bei vielen Häusern das Bauholz entfernt hatte, um es für Reparaturen an der Festung zu verwenden.[110]

Dennoch kamen wohl bereits kurz nach der Eroberung die ersten jüdischen Einwanderer aus Marokko nach Gibraltar, die vor allem den Handel mit Marokko organisierten und vermittelten. Suchte man doch nach Mög-

---

108 Vgl.: HOWES, 1982. S. 12.
109 Vgl.: BENADY, Tito: The Genoese in Gibraltar. In: Gibraltar Heritage Journal Nr. 8 (2001). S. 85–108. S. 86.
110 Vgl.: BENADY, Sam: Siege of 1704–5, (2004). S. 108.

lichkeiten, die Versorgung Gibraltars auch aus Marokko zu gewährleisten,[111] wofür es sich anbot, auf die Hilfe jüdischer Händler zurückzugreifen.

Nach der gescheiterten Belagerung von 1704/05 kamen ebenfalls wieder Spanier nach Gibraltar, hatte man doch großen Bedarf an Arbeitskräften. Ihre Anzahl stieg wohl relativ schnell auf etwa 300 Einwohner, so dass sie von den Briten durchaus auch als Bedrohung wahrgenommen wurden, zumal die Alliierten zu diesem Zeitpunkt mit Spanien immer noch Krieg führten.[112] Die Genuesen, die später im 18. Jahrhundert zur zahlenmäßig größten Bevölkerungsgruppe in Gibraltar werden sollten, wanderten in den ersten Jahren nach der Eroberung nur in sehr geringem Umfang nach Gibraltar ein. Einige befanden sich zwar bereits vor 1704 dort, allerdings lassen die Mieteinnahmen von 1712 darauf schließen, dass ihr Anteil an der Zivilbevölkerung noch unter 10 % lag.[113] Für den Handel mit der Garnison spielten sie zunächst keine besondere Rolle. Dieser war, abgesehen vom Handel mit Marokko, der mit Hilfe der jüdischen Gemeinde erfolgte, vor allem in britischer Hand.[114] Die ersten Genuesen waren hauptsächlich Fischer und Handwerker.[115]

Besondere Erwähnung verdient die so genannte *Spanish Guard* beziehungsweise ab 1727 die *Genoese Guard*, an deren Spitze sich ein *Spanish Searjent* befand. Die *Spanish* beziehungsweise *Genoese Guard* war eine Einheit von Freiwilligen, die ihren Dienst jederzeit beenden konnten, und bis zu ihrer Auflösung 1774 vor allem an der Grenze zu Spanien eingesetzt wurde.[116] Man misstraute schlicht den britischen Soldaten, die wegen der schlechten Verhältnisse in Gibraltar dazu neigten zu desertieren.[117] So

---

111 Vgl.: Landgraf Georg an Alcaide Aly Benandola im Lager vor Ceuta vom 16.9.1704. In: KÜNZEL, Heinrich (Hg.): Das Leben und Briefwechsel des Landgrafen Georg von Hessen-Darmstadt, des Eroberers und Vertheidigers von Gibraltar. Ein Beitrag zur Geschichte des spanischen Successionskrieges, zur Memoirenliteratur des 17 u. 18 Jahrhunderts und zur Hessischen Landesgeschichte. Friedberg 1859. S. 474 f.
112 Vgl.: HILLS, 1974. S. 217.
113 Vgl.: BENADY, T.: Genoese. (2001). S. 87.
114 Vgl.: Ebd. S. 91.
115 Vgl.: FINLAYSON, Tomas: The Gibraltarian since 1704. In: Gibraltar Heritage Journal Nr. 9 (2002). S. 23–41. S. 30.
116 Vgl.: BENADY, T., (2000). S. 125 f.
117 Vgl.: TNA PRO: CO 389/54 Letter from Bolingbroke to Portmore 9.3.1713.

überrascht es nicht, dass man hier auf Einheimische zurückgriff, auch wenn diese Katholiken waren. Der *Spanish Searjent* existierte noch bis zur Einführung der Polizei 1830, kamen ihm doch zusätzlich, spätestens in der zweiten Hälfte des 18. Jahrhunderts, auch Verwaltungsaufgaben wie etwa die Kontrolle der Getreidevorräte der Bäcker zu.[118]

Eine besondere Zuwanderung von Protestanten war, ähnlich wie im weiteren Verlauf des 18. Jahrhunderts, nicht zu verzeichnen. Es handelte sich hierbei zum größten Teil entweder um Angehörige des Militärs oder um Händler, die Gibraltar wieder verließen, wenn ihre Geschäfte abgeschlossen waren.[119] Bedenkt man den Zustand der Stadt und die schwache Stellung der Zivilisten in Gibraltar, erscheint es nur allzu verständlich, dass sich viele Briten für einen anderen Wohnort entschieden.

Allerdings sollte nicht unterschlagen werden, dass, obwohl von britischer Seite durchaus eine protestantische Zuwanderung erwünscht gewesen wäre, die ersten Gouverneure kaum darauf achteten, wer nach Gibraltar einwanderte, solange dafür Gebühren bezahlt wurden. Schon unter dem ersten britischen Gouverneur richtete sich deren Höhe nach der ethnischen bzw. religiösen Zugehörigkeit, wobei Juden am meisten und Protestanten am wenigsten bezahlen mussten.[120] Es waren vor allem die Einnahmen aus Mieten, Lizenzen und Gebühren, die die ersten Gouverneure zu ihrer offenen Einwanderungspolitik bewogen, zumal dadurch dringend benötigte finanzielle Mittel dem Militär zuflossen und gerade die Juden für die Versorgung mit Nahrungsmitteln aus Marokko unverzichtbar waren.[121] Ein nicht unerheblicher Teil der Einnahmen wurde aber auch von den Gouverneuren unterschlagen. Die finanzielle Ausbeutung der Bevölkerung etwa durch Abgaben und Gebühren von mitunter recht zweifelhafter Legitimität diente vor allem den persönlichen Einnahmen der Gouverneure. Gerade am Import oder an der Verarbeitung von Nahrungsmitteln gelang es einigen Gouverneuren mitzuverdienen, was natürlich auch negativen Einfluss auf

---

118 Vgl.: CONSTANTINE, 2009. S. 22.
 Vgl.: GNA: Diary 1777 & 1778–1782. Diary 1778–1782. Eintrag vom 1.4.1779.
119 Vgl.: HOWES, 1982. S. 10.
120 Vgl.: BENADY, T., 1989. S. 146.
121 Vgl.: HOWES, 1982. S. 3.

die Lebensmittelpreise hatte. Einwohner, die sich etwa durch eine Petition kritisch zu den Beschlüssen der Gouverneure äußerten, riskierten ihre Verbannung.[122] Als weitere Einnahmequelle wurden, obgleich Gibraltar als Freier Hafen galt, auch Zölle genutzt.[123]

Neben dem Handel mit der britischen Garnison bot sich für die Zivilbevölkerung ebenfalls die Möglichkeit, am Tabakschmuggel nach Spanien zu verdienen. Schließlich war dieser in Spanien durch das staatliche Monopol sehr teuer und konnte vergleichsweise billig in Gibraltar angekauft werden. Der Tabakschmuggel aus Gibraltar sollte im 18. Jahrhundert immer wieder Ausgangspunkt spanischer Beschwerden sein und war für die Schmuggler ebenfalls nicht ganz ungefährlich, konnte man dafür in Spanien doch hingerichtet werden. Allerdings war der Tabakschmuggel äußerst profitabel und die britische Administration sehr empfänglich für Bestechungen.[124] Über den Umfang des Tabakschmuggels existieren natürlich keine Aufzeichnungen.

Auf die korrupten Verhältnisse in Gibraltar weist auch der Umstand hin, dass Spanier, Genuesen und Juden wohl durch Bestechung früher auf den Markt durften als die britischen Einwohner,[125] die man eigentlich bevorzugt behandeln wollte.

Die offene Zuwanderungspolitik der britischen Gouverneure änderte sich erst ab 1720. Die Zuwanderung von *Strangers* aus dem Mittelmeerraum wurde zunehmend als Sicherheitsrisiko und weniger als mögliche Einnahmequelle betrachtet. So sind erste Verordnungen aus dem Jahr 1720 erhalten, nach denen jeder Einreisende Auskunft über Name, Beruf, Herkunft und Vorhaben geben musste. Anschließend sollte der *Town Major* davon eine Notiz erhalten.[126] Spanier brauchten für die Einreise sogar eine besondere Erlaubnis.[127]

---

122 Vgl.: ELLICOTT, 1965. S. 11.
123 Vgl.: CONSTANTINE, 2009. S. 45.
124 Vgl.: BENADY, Tito: Smuggling and the Law. In: Gibraltar Heritage Journal Nr. 13. (2006). S. 89–101. S. 89.
125 Vgl.: Ders: The Settlement of Jews in Gibraltar. In: Gibraltar Heritage Journal. Special Edition to Commemorate the Gibraltar Exhibition at the Jewish Museum, London, 2004. S. 71–117. S. 75.
126 Vgl.: GNA: History of the Permit System. Order 14.11.1720.
127 Vgl.: GNA: History of the Permit System. Order 19.11.1720.

Der Zensus von 1725[128], bei dem die Familien des Militärs nicht berücksichtigt wurden, zeigte aber, dass diese Einreisebeschränkungen nicht zu einem geringeren Anteil von Juden und Katholiken an der Zivilbevölkerung führten. So waren von 1113 Einwohnern 414 Genuesen, 400 Spanier, 137 Juden, 113 Briten und 49 Einwohner anderer Herkunft, etwa aus Portugal.[129] Der größte Teil der Bevölkerung war also katholisch. Der Anteil der Briten lag bei gerade 10 % und es sollte nicht vergessen werden, dass dazu auch katholische Iren zählten.[130] Ergänzt man zudem noch die Portugiesen,[131] so wird immer deutlicher, warum der hohe Anteil der Katholiken die britische Administration, auch im Hinblick auf einen möglichen spanischen Angriff, beunruhigte.

Allerdings sollte die Belagerung von 1727 und das zunehmend schlechtere Verhältnis zu Spanien gravierende Auswirkungen gerade auf die spanischen Einwohner Gibraltars haben. Als sich immer deutlicher abzeichnete, dass ein Konflikt mit Spanien bevorstand, verbannte man kurzer Hand fast alle Spanier aus Gibraltar.[132] Aus einer Liste der Hausbesitzer von 1728 geht allerdings hervor, dass viele Spanier vor der Belagerung bereits ihre Häuser verkauft hatten,[133] um nicht zwischen die Fronten zu geraten.

Die Belagerung von 1727 bedeutete für die Zivilbevölkerungen einen großen Rückschritt. Die Bevölkerung war auf etwa 500[134]-800[135] Einwohner reduziert worden, so dass wieder eine offenere Zuwanderungspolitik nötig wurde.

Hinsichtlich der Zivilbevölkerung war Spanisch die wichtigste Sprache. Die große spanische Gemeinde, die in Gibraltar bis 1727 existierte, kann hierfür nicht allein verantwortlich gemacht werden, zumal viele von ihnen Katalanen waren. Außerdem blieb Spanisch hinsichtlich der Zivilbevölkerung auch nach deren Verbannung die wichtigste Sprache. So hielten die katholischen Priester ihre Messen immer auf Spanisch. Außerdem war

---

128 Vgl.: Anlage 3.
129 Vgl.: Anlage 3.
130 Vgl.: STEWARD, John: Gibraltar: the Keystone. London 1967. S. 119.
131 Vgl.: ARCHER, 2006. S. 41.
132 Vgl.: CONSTANTINE, 2009. S. 22.
133 Vgl: BL: Add MS 36137 fol. 141–142.
134 Vgl.: CONSTANTINE, 2009 S. 24.
135 Vgl.: ELLICOTT, 1975. S. 25.

Spanisch ebenfalls die Sprache der jüdischen Bevölkerung, handelte es sich bei diesen doch meist um Nachfahren der Ende des 15. Jahrhunderts aus Spanien vertriebenen Juden.[136]

Neben Spanisch war auf Grund der großen genuesischen Gemeinde Italienisch ebenfalls von Bedeutung. Englisch war eher die Sprache der Administration beziehungsweise des Militärs. So verwundert es nicht, dass Verordnungen immer in allen drei Sprachen öffentlich ausgehängt wurden,[137] um diese möglichst allen Einwohnern bekannt zu machen, zumal auch geringe Vergehen schwere Strafen zur Folge haben konnten.[138]

4.1 Die Protestanten

Wie bereits angeführt hielt sich die protestantische beziehungsweise britische Zuwanderung nach Gibraltar in Grenzen. Bei denen, die nach Gibraltar kamen, handelte es sich hauptsächlich um Anglikaner, was weniger an irgendwelchen Beschränkungen für protestantische Migranten anderer Konfession, als an der mangelnden wirtschaftlichen Attraktivität Gibraltars lag. Erst in der Mitte des 19. Jahrhunderts gab die wachsende Zahl schottischer Soldaten Anlass zum Bau einer Presbyterianischen Kirche.[139] Obgleich es sich also bei den in Gibraltar lebenden Protestanten fast ausschließlich um Anglikaner handelte, wird trotzdem nachfolgend von Protestanten die Rede sein. Dies liegt zum einen daran, dass diese in den Akten selbst immer nur allgemein als Protestanten bezeichnet wurden, zum anderen daran, dass sich keinerlei Beschränkungen oder diskriminierende Verordnungen für Migranten anderer protestantischer Konfession finden lassen.

Vergeblich wurde versucht, britische Händler aus Cadiz und Malaga nach Gibraltar zu locken,[140] was schon deshalb nicht gelingen konnte, da Gibraltar kaum die wirtschaftlichen Möglichkeiten bot, die die britischen

---

136 Vgl.: BALLANTINE, Sergius: English and Spanish in Gibraltar. Development and characteristics of two languages in a bilingual community. In: Gibraltar Heritage Journal Nr. 7 (2000). S. 115–124. S. 115.
137 Vgl.: CONSTANTINE, 2009. S. 19.
138 Vgl.: PALAO, George: Gibraltar: Our Forgotten Past. Gibraltar 1977. S. 32.
139 Vgl.: CONSTANTINE, 2009. S. 104.
140 Vgl.: CARUANA, Charles: Rock under Cloud. Cambridge 1989. S. 174 f.

Händler in diesen beiden wichtigen spanischen Hafenstädten vorfanden.[141] Zwar waren vor allem britische Händler mit Aufträgen für die Garnison betraut, sie verließen allerdings Gibraltar wieder, wenn ihre Geschäfte erledigt waren.[142] Bedeutung kommt vor allem den britischen Händlern als Führungsschicht zu, da aus ihren Reihen zivile Aufgabenträger, so zum Beispiel die Schöffen des *Civil Court*, ausgewählt wurden.[143]

Einen weiteren Versuch, eine größere protestantische Zuwanderung zu begünstigen, stellte das Angebot an protestantische Einwohner und Soldaten dar, dass sie Häuser, die von ihnen renoviert werden würden, im Anschluss mietfrei bewohnen dürften. Zwar wurde dieses Angebot durchaus wahrgenommen, allerdings wurden solche Häuser nicht selten, sobald sie erst einmal renoviert waren, vom Gouverneur an reichere Interessenten verkauft.[144] Gerade britische Einwohner klagten daher über die Eigentumsverhältnisse in Gibraltar. Einfache britische Migranten konnten sich wohl häufig Häuser in gutem Zustand nicht leisten. Diese waren eher im Besitz zahlungskräftiger Juden oder Genuesen.[145]

Zwar waren britische beziehungsweise protestantische Migranten durchaus begünstigt, was etwa die Höhe von Gebühren oder Mieten betraf, eine besondere Anziehungskraft schien Gibraltar allerdings weder für einfache britische Migranten noch für britische Händler zu haben. Der geringe britische Anteil an der Gesamtbevölkerung beim Zensus von 1725 unterstreicht, dass das Ziel einer primär protestantischen Bevölkerung[146] in Gibraltar keineswegs erreicht worden war.

Der größte Teil der Protestanten in Gibraltar bestand also aus Angehörigen des Militärs. Als Anglikanische Kirche wurde die *King's Chappel*, eine ehemals katholische Kirche, genutzt. Der daran angebaute *Convent*, ein ehemaliges Franziskanerkloster, diente ab 1727 als Amtssitz des

---

141 Vgl.: CONSTANTINE, 2009. S. 20.
142 Vgl.: ANDREWS, 1958. S. 40.
143 Vgl.: BENADY, Tito: The remarkable Ward family. In: Gibraltar Heritage Journal Nr. 14 (2007). S. 29–36 S. 29.
144 Vgl.: HILLS, 1974. S. 227.
145 Vgl.: A Petition of the Inhabitants of Gibraltar against Colnel Congreve. Zitiert nach: CARUANA, 1989. S. 173 f.
146 Vgl.: HOWES, 1982. S. 7.

Gouverneurs,[147] so dass, wenn auch wahrscheinlich nicht bewusst, die Verbindung von protestantischer Kirche und Militär auch architektonisch erkennbar wurde.

4.2 Die Katholiken

Ein Blick auf den Zensus von 1725[148] verrät, dass es sich bei den Katholiken wohl hauptsächlich um Spanier und Genuesen handelte. Die Spanier waren wohl bereits ab 1705 nach Gibraltar gekommen, lockte doch der hohe Bedarf an Arbeitskräften und Nahrungsmitteln Zivilisten aus dem Hinterland an. Zudem waren die ersten Gouverneure für Bestechungen empfänglich und nur wenig an der Herkunft der Einwanderer interessiert, solange Gebühren bezahlt wurden. Allerdings sollte nicht unterschlagen werden, dass Arbeitskräfte dringend gebraucht wurden und die Gouverneure insofern auch nicht wählerisch sein konnten.[149] Es ist also anzunehmen, dass eine größere Anzahl an Spaniern wohl bereits relativ kurz nach der Eroberung Gibraltars durch die Alliierten nach Gibraltar kam. Wie viele davon ehemalige Einwohner Gibraltars waren, lässt sich mangels Akten heute nicht mehr bestimmen.

Bei den Genuesen verhält es sich anders. Auch wenn einige bereits vor 1704 in Gibraltar siedelten, so legen doch die bereits erwähnten Mieteinnahmen von 1712 nahe, dass der Anteil der Genuesen zu diesem Zeitpunkt lediglich 10 % betrug.[150] Der größte Teil der 414 im Zensus von 1725 registrierten Genuesen muss also nach 1712 nach Gibraltar gekommen sein. Mag bei den Spaniern die geografische Nähe zu Gibraltar und die Möglichkeit, in der Festung zu arbeiten, eine große Rolle gespielt haben, so fehlten den Genuesen in den ersten Jahren nach der Eroberung Gibraltars wirtschaftliche Anreize, sich dort anzusiedeln. Die ersten Genuesen arbeiteten als Fischer, Seeleute, Träger oder Gärtner.[151] Dies änderte sich, als 1722 auch Einwohnern Gibraltars, die keine Briten waren, die Möglichkeit gewährt wurde, für ihre Schiffe die so genannten *Mediterranean Passes* zu erwerben,

---

147 Vgl.: ANDREWS, 1958. S. 98.
148 Vgl.: Anlage 3.
149 Vgl.: BENADY, Tito: Civilian Population, (2004). S. 122.
150 Vgl.: Ders.: Genoese, (2001). S. 87.
151 Vgl.: Ebd. S. 91.

die ihre Schiffe vor nordafrikanischen Piraten schützten.[152] Zwar wurden von den Gouverneuren auch vor 1722 *Mediterranean Passes* ausgestellt, allerdings war deren Gültigkeit zweifelhaft und sie wurden zunächst auch nur gemäß der ursprünglichen Bestimmungen für Schiffe mit britischem Kapitän und vorwiegend britischer Besatzung ausgestellt.[153] Dadurch, dass nun auch Einwohner Gibraltars an diese Pässe kamen, wurde Gibraltar auch für Genuesen attraktiv. Für die *Mediterranean Passes* musste eine relativ hohe Gebühr von 50 £ bezahlt und ein Eid geleistet werden, diese nicht zu missbrauchen und den jeweiligen Pass nach zwölf Monaten zurückzubringen.[154]

Zwar war sowohl für das Betreten wie auch das Verlassen Gibraltars die Erlaubnis des Gouverneurs nötig und der Kontakt mit dem Umland somit erschwert, isoliert waren die Katholiken dadurch allerdings nicht.[155] So kamen auch Eheschließungen zwischen Einwohnern Gibraltars und denen des Umlands, gerade unter den Katholiken, durchaus vor.[156]

Für die katholische Kirche in Gibraltar brach spätestens mit dem Frieden von Utrecht eine neue Zeit an. Zwar musste die Trennung von Spanien nicht zwangsläufig auch eine Trennung vom Bistum Cadiz bedeuten, zu dem Gibraltar gehörte, es war allerdings klar, dass die katholische Kirche in Gibraltar nun auch unter dem Einfluss der britischen Gouverneure stand. Die Frage nach der Zuständigkeit bei der Ernennung eines katholischen Pfarrers stellte sich zunächst allerdings nicht, da unter den nach der Eroberung Gibraltars verbliebenen Spaniern der damalige Pfarrer Juan Romero de Figuero war. Während der Eroberung 1704 war er in Gibraltar geblieben, auch um die Kirche *St. Mary the Crowned* vor Plünderungen zu schützen. Eben diese Kirche sollte dann im weiteren Verlauf des 18. Jahrhunderts die einzige ka-

---

152 Vgl.: GNA: Admirality Books No. 1. Forms, Rules & Regulations relative to Mediterranean Passes 1767. Order in Council with Instructions for the delivery of Mediterranean Passes at Gibraltar and Port Mahon 14.6.1722.
153 Vgl.: BENADY, Tito: The settee cut: Mediterranean Passes issued at Gibraltar. In: Mariner's Mirror Nr. 87 (2001). S. 281–296. S. 282.
154 Vgl.: Ebd. S. 284 f.
155 Vgl.: OLIVA, Francisco: The Frontiers of Doubt. A critique of the political system by a Gibraltarian sceptic. Tarifa 2004. S. 412.
156 Vgl.: GOMEZ, Juan Manuel Ballesta: The Gibraltar Connections of a San Roque Family. In: Gibraltar Heritage Journal Nr. 8 (2001). S. 17–19. S. 18.

tholische Kirche in Gibraltar bleiben.[157] Dass er auf Gibraltar blieb, sorgte zwar bei einigen der ehemaligen Einwohner für Unverständnis,[158] allerdings konnte er dadurch auch seine Pflichten gegenüber den verbliebenen Katholiken erfüllen. Auch nach 1704 versuchte Romero, möglichst in Kontakt mit dem Bischof von Cadiz zu bleiben. Die Kommunikation war allerdings erschwert und nicht immer möglich. Da die Briten aber durchaus daran interessiert waren, deutlich zu machen, dass die Katholiken in Gibraltar ungehindert ihren Glauben ausüben konnten, war es dem Bischof von Cadiz möglich, Gibraltar im Oktober 1717 zu besuchen.[159] So konnte er sich selbst vom bemerkenswert toleranten Verhältnis der britischen Administration zur katholischen Kirche in Gibraltar überzeugen. Bei dieser Gelegenheit erweiterte er die Kompetenzen des bereits zuvor zum General Vikar ernannten Romeros.[160] Zwar gewann Romero dadurch mehr Eigenständigkeit und konnte beispielsweise nun auch ohne vorherige Erlaubnis aus Cadiz überkonfessionelle Ehen schließen, der Bischof von Cadiz behielt sich aber in strittigen Fällen das letzte Wort vor.[161] Es wurde deutlich, dass wenigstens die religiösen Befugnisse der katholischen Pfarrer in Gibraltar auch nach 1704 beziehungsweise 1713 vom Bischof von Cadiz kamen.

Nach dem Tod Romeros 1720 ergab sich die Problematik, einen Nachfolger bestimmen zu müssen und damit auch die Frage der Zuständigkeit, die sowohl vom Bischof von Cadiz als auch vom britischen Gouverneur beansprucht wurde.[162] So beauftragte der Bischof von Cadiz die Kurie, einen Nachfolger zu wählen. Die Wahl fiel auf Priester Francisco Roman Trujillo. Allerdings war er weder der Wunschkandidat des Bischofs noch wurde er bei seiner Ankunft in Gibraltar vom Gouverneur oder der katholischen Gemeinde als verantwortlicher Pfarrer akzeptiert. Stattdessen sollte sich Priester Joseph Lopez Peña als Wunschkandidat sowohl des Gouverneurs als auch der katholischen Gemeinde durchsetzten. Da der Bischof von Cadiz ohnehin kein Unterstützer des Kandidaten der Kurie war, wurde Peña von

---

157 Vgl.: BENADY, Tito: Civilian Population. (2004). S. 122.
158 Vgl.: CARUANA, 1989. S. 10.
159 Vgl.: TNA PRO: CO 389/54 Letter from Addisson to Cotton 29.4.1717.
160 Vgl.: Ebd. S. 10.
161 Vgl.: Ebd. S. 11.
162 Vgl.: HILLS, 1974. S. 230 ff.

ihm bestätigt.¹⁶³ Deutlich wurde aber auch, dass die britischen Gouverneure zwar an einem guten Verhältnis zum Bistum Cadiz interessiert waren, die entsprechende geistliche Jurisdiktion aber für sich beanspruchten. Auch wenn Peña sich erst durch die Bestätigung durch den Bischof legitimiert fühlte, war der Einfluss des Bischofs von Cadiz somit doch limitiert.

Peña wurde innerhalb der katholischen Gemeinde als würdiger Nachfolger Romeros angesehen. Neben der wachsenden katholischen Bevölkerung fielen auch die katholischen Bruderschaften wie etwa die *Confraternity of the Holy Eucharist* in seinen Aufgabenbereich.¹⁶⁴ Zum Verhängnis aber sollte ihm ein Streit mit dem Genuesen Francisco Feroci werden, der sich weigerte, ihm für eine Messe zwei Dollar zu geben. Da Peña die Weigerung des Genuesen nicht akzeptieren wollte, exkommunizierte er ihn. Feroci der daraufhin zum Protestantismus konvertiert war, hatte im Streit mit Peña die Unterstützung des Gouverneurs, der im Verhalten des Pfarrers einen Akt der Inquisition sah, auf seiner Seite. Da Peña allerdings die Exkommunikation nicht aufheben wollte, wurde er 1726 zusammen mit seinem Vikar verbannt.¹⁶⁵

Sein Nachfolger Gregorio Antonio Sabanda wurde ähnlich wie Peña zunächst vom Gouverneur und der katholische Gemeinde bestimmt, machte sich aber bereits kurz darauf auf den Weg zum Bischof von Cadiz, nicht zuletzt auch, um sich von diesem bestätigen zu lassen und die nötigen Befugnisse zu erhalten. Die Ernennung Sabandas fand zwar auch die Zustimmung des Bischofs von Cadiz, allerdings verhinderte die Belagerung von 1727 dessen Rückkehr.¹⁶⁶ Das Vertrauen in die spanischen Pfarrer, das bereits wenig zuvor durch die Aufdeckung des Schmuggels von Kirchengut ins Umland erschüttert worden¹⁶⁷ war, wurde durch die Belagerung von 1727 noch zusätzlich unterminiert. *Lieutenant Governor* Clayton (1726–1730) wollte nun den Einfluss des Bistums Cadiz auf die katholische Kirche in Gibraltar möglichst verkleinern. Er beauftragte 1727 den Vertreter Sabandas, Vikar Roja, die katholische Kirche in Gibraltar neu zu organisieren. Roja

---

163 Vgl.: CARUANA, 1989. S. 13.
164 Vgl.: Ebd. S. 13 f.
165 Vgl.: BENADY, T.: Genoese, (2001). S. 90.
166 Vgl.: CARUANA, 1989. S. 15.
167 Vgl.: Ebd. S. 14.

rief hierfür die führenden Mitglieder der drei auf Gibraltar existierenden katholischen Bruderschaften hinzu. Die Konsequenz dieser Beratung war ein Komitee, das den Pfarrer sowohl bei der Ausübung seiner Pflichten unterstützen als auch kontrollieren sollte, was zweifelsohne schon allein auf Grund der wachsenden katholischen Gemeinde nötig war und zusätzlich den Gouverneur bei der Wahl eines neuen Pfarrers unterstützen sollte. Die *Junta of Elders,* wie dieses Komitee genannt werden sollte, wurde jährlich neu gewählt und musste vom Gouverneur bestätigt werden.[168]

Natürlich war die katholische Kirche Gibraltars damit noch keineswegs vom Bistum Cadiz abgetrennt, allerdings wurde dessen Einfluss immer weiter zurückgedrängt. Die *Junta of Elders* sollte allerdings zu einer wichtigen Voraussetzung für die im weiteren Verlauf des 18. Jahrhunderts stattfindende Emanzipation vom Bistum Cadiz werden.[169]

4.3 Die Juden

Die ersten jüdischen Migranten kamen wohl bereits kurz nach der Eroberung Gibraltars 1704. Hauptsächlich organisierten sie den Handel mit Marokko,[170] der zur Versorgung der Garnison mit Lebensmitteln und Baumaterial dringend gebraucht wurde. In Marokko hatten es jüdische Kaufleute seit der Vertreibung aus Spanien 1492[171] zu einflussreichen Positionen gebracht und hatten große wirtschaftliche Bedeutung. Nicht selten gehörten Juden zu den engsten Beratern des marokkanischen Sultans.[172] So verwundert es nicht, dass es marokkanische Juden waren, die den Handel mit Marokko organisierten und vermittelten, zumal die Alliierten weder besonders gut mit den marokkanischen Verhältnissen vertraut waren, noch über besondere Kontakte innerhalb Marokkos verfügten. Bereits in Tanger hatten sich doch die Kontakte und lokalen Kenntnisse jüdischer Kaufleute

---

168 Vgl.: Ebd. S. 15 f.
169 Vgl.: ARCHER, 2006. S. 94 f.
170 Vgl.: SERFATY, A. B. M.: The Jews of Gibraltar under British Rule. In: Gibraltar Heritage Journal. Special Edition to Commemorate the Gibraltar Exhibition at the Jewish Museum (2004). S. 5–34. S. 10.
171 Vgl.: MARCU, Valeriu: Die Vertreibung der Juden aus Spanien. München 1991. S. 165 ff.
172 Vgl.: HIRSCHBERG, 1967. S. 165.

für die damaligen englischen Gouverneure als äußerst wertvoll erwiesen.[173] Insofern war diese Kooperation bereits der ersten Gouverneuren Gibraltars mit jüdischen Kaufleuten aus Marokko keine ganz neue Entwicklung, sondern eine bekannte Notwendigkeit hinsichtlich des Handels mit Marokko.
Für die Gouverneure stellten die jüdischen Einwanderer darüber hinaus eine wichtige Einnahmequelle dar. Man verlangte von jüdischen Einwanderern höhere Mieten und Gebühren als von den anderen Bevölkerungsgruppen.[174] Ihre Bedeutung für die Versorgung der Garnison schützte sie dabei keineswegs vor Diskriminierung. So soll beispielsweise Gouverneur Roger Elliott regelmäßig eine Liste mit vier bis fünf jüdischen Einwohnern ausgehängt haben. Wer auf dieser Liste stand, hatte dann die Wahl, entweder einen kleineren Betrag zu zahlen, um Gibraltar zu verlassen oder einen größeren Betrag, um bleiben zu dürfen.[175]
Die Diskriminierungen, denen die Juden in Gibraltar ausgesetzt waren, hatten wohl vor allem finanzielle Motive. Der Handel mit Gibraltar muss dennoch lohnenswert genug gewesen sein, sollen doch spätestens nach der Erklärung Gibraltars zum Freien Hafen 1705 zahlreiche Juden aus Marokko in Gibraltar angekommen sein.[176] Als 1717 ein spanischer Konsul im Zuge der Annäherung an Spanien nach Gibraltar kam, beklagte dieser, dass sich zu diesem Zeitpunkt etwa 300 Juden in Gibraltar befänden. Außerdem gab es eine Synagoge in Gibraltar.[177] Dass es in Gibraltar eine jüdische Gemeinde gab, hatte dabei weniger mit der Bereitschaft der britischen Regierung zu tun, den Vertrag von Utrecht umzusetzen,[178] sondern viel mehr damit, dass die Gouverneure für den Handel mit Marokko auf die Hilfe jüdischer Kaufleute angewiesen waren.[179] Ebenso stellte die jüdische Gemeinde für die Gouverneure eine wichtige Einnahmequelle dar. So kam

---

173 Vgl.: Ebd. S. 153.
174 Vgl.: BENADY, T.: Settlement, 2004. S. 73.
175 Vgl.: Ders.: The Jewish Community of Gibraltar. In: BARNETT, Richard/ SCHWAB, Walter (Hg.): The Sephardim Heritage: The Western Sephardim. Gibraltar 1989. S. 144–179. S. 146.
176 Vgl.: Ders.: Settlement, 2004. S. 73.
177 Vgl.: HILLS, 1974. S. 228.
178 Vgl.: STETSON, 1942. S. 25.
179 Vgl.: HIRSCHBERG, 1967. S. 153 ff.

über die Hälfte der Mieteinnahmen 1712 von Juden.[180] Die Inspektoren der Armee, die wie bereits erwähnt 1711 die Verhältnisse auch in Gibraltar überprüften, schätzten, dass die Einnahmen des Gouverneurs zu etwa 70 % von jüdischen Einwohnern bezahlt wurden.[181]

Es verwundert nicht, dass die britischen Gouverneure auch nach 1713 kein Interesse hatten, die Juden, wie im Frieden von Utrecht vereinbart, aus Gibraltar auszuweisen. Andererseits aber war man seitens der britischen Regierung vor allem an einem guten Verhältnis zu Spanien interessiert und hoffte, die Versorgung der Garnison auch über den Landweg gewährleisten zu können.[182] Zudem entsprachen die jüdischen Einwohner ähnlich wie die Katholiken ohnehin nicht dem Wunsch nach britischer beziehungsweise protestantischer Zuwanderung.[183]

Die jüdische Gemeinde blieb aber auch nach dem Frieden von Utrecht zunächst für die Versorgung der Garnison unverzichtbar und trug wesentlich zu den Einnahmen der Gouverneure bei, so dass diese wenig Bereitschaft zeigten, die Juden aus Gibraltar auszuweisen. So erging bereits im November 1713 an Congreve sowohl vom britischen Botschafter in Madrid als auch von der britischen Regierung die Anweisung, alle Juden aus Gibraltar auszuweisen. Es sollte allerdings bis Mai 1714 dauern, bis der Gouverneur die Verbannung fast aller Juden aus Gibraltar vermeldete. Es ist allerdings stark anzuzweifeln, dass dies der Wahrheit entsprach,[184] waren die Juden doch viel zu wichtig für die Versorgung Gibraltars und die Einnahmen der Gouverneure. Zudem kamen sie besser mit den zivilen Unfreiheiten in Gibraltar zurecht als Katholiken oder Protestanten, zumal die meisten Juden aus Marokko kamen, wo ähnliche wenn nicht sogar noch härtere Bedingungen für Zivilisten herrschten.[185]

Der Nachfolger Congreves als *Lieutenant Governor* wurde Stanhope Cotton (1716–1725). Dieser war zwar an einer Verbesserung der Beziehungen zum spanischen Umland interessiert, er dachte allerdings ebenfalls

---

180 Vgl.: BENADY, T.: Settlement, 2004. S. 74.
181 Vgl.: Ders., 1989. S. 147.
182 Vgl.: Ders., Contraband, 2007. S. 65.
183 Vgl.: CONSTANTINE, 2009. S. 23.
184 Vgl.: BENADY, T.: Settlement, 2004 S. 77.
185 Vgl.: Ders., 1989 S. 147.

keineswegs daran, die Juden aus Gibraltar auszuweisen.[186] Als 1717 aber Francisco Garcia Caballero als spanischer Konsul ernannt wurde, änderte sich die Situation in Gibraltar, da dieser sowohl über etwa 300 in Gibraltar lebenden Juden als auch über eine Synagoge Bericht erstattete und damit einen Bruch des Vertrags von Utrecht attestierte. Dies führte zu einer Beschwerde des spanischen Botschafters in London,[187] so dass Cotton wie sein Vorgänger die Anweisung von der britischen Regierung erhielt, alle Juden aus Gibraltar auszuweisen.[188] An sich hätte dies nicht zwangsläufig zu einer Verbannung aller Juden führen müssen, allerdings drang diesmal ebenfalls der Kommandeur der britischen Mittelmeerflotte *Rear Admiral* Cornwallis auf die Ausweisung der Juden, so dass die schlichte Behauptung, alle Juden ausgewiesen zu haben, nicht ausgereicht hätte, zumal die unveränderte Präsenz der jüdischen Gemeinde wohl auch dem spanischen Konsul kaum entgangen wäre. Das große Interesse Cornwallis an der Ausweisung der Juden lag darin begründet, den Handel mit Marokko zu stoppen, bei dem meist Waffen und Munition gegen Nahrungsmittel und Baumaterial getauscht wurden und diese Waffen häufig in die Hände von Piraten fielen, die britische Schiffe angriffen.[189] Cotton konnte also nicht damit rechnen, dass er unbemerkt die Ausweisung der Juden umgehen könnte. Ein Versuch, für einige wichtige Juden per Petition im Januar 1718 einen zeitlichen Aufschub für die Verbannung zu gewinnen, scheiterte ebenfalls. Im Februar 1718 wurden alle Juden aus Gibraltar verbannt.[190] Der Handel mit Marokko kam daraufhin nicht nur zum Erliegen, vielmehr führte ein Zwischenfall im September 1718, bei dem ein marokkanisches Schiff von der *Royal Navy* zerstört wurde, sogar zur Kriegserklärung Marokkos, die sich allerdings ausschließlich auf Gibraltar bezog.[191]

Die britischen Hoffnungen auf ein gutes Verhältnis zu Spanien und damit verbunden auf die Versorgung Gibraltars durch das spanische Umland soll-

---

186 Vgl.: Ders.: Governors I., (2002). S. 52.
187 Vgl.: TNA PRO: CO 95/3 Complaints made by the Spanish Ambassador 28.3.1717
188 Vgl.: TNA PRO: CO 389/54 Letter from Addisson to Cotton 25.3.1717
    Vgl.: BENADY, T.: Settlement, 2004 S. 78.
189 Vgl.: Ebd.. S. 79.
190 Vgl.: Ders., 1989 S. 148.
191 Vgl.: Ders.: Settlement, 2004. S. 78 f.

ten sich nicht erfüllen. Das militärische Vorgehen Philips V. ab Juli 1718 in Italien musste letztlich zum Krieg mit der Quadrupelallianz und damit auch zum Krieg mit Großbritannien führen.[192] Insofern verwundert es auch nicht, dass die britische Regierung zukünftig nicht mehr auf eine Versorgung Gibraltars aus Spanien vertraute und es Juden nach nur etwa fünf Monaten in der Verbannung, wenn auch inoffiziell, wieder erlaubt war, nach Gibraltar zurückzukehren.[193] Das Verhältnis zu Marokko blieb allerdings zunächst schlecht, was den Handel und damit die Versorgung Gibraltars erschwerte beziehungsweise gefährlicher machte.

Erst 1720 wurde *Captain* Charles Steward nach Marokko geschickt, um einen Vertrag mit Marokko auszuhandeln oder wenigstens gefangene Briten freizukaufen. Durch Vermittlung Ben Hattars, dem jüdischen Schatzmeister des Marokkanischen Sultans, kam 1721 ein Vertrag[194] zwischen Marokko und Großbritannien zustande. Die Feindseligkeiten konnten damit zwar beendet werden, von besonderer Bedeutung war allerdings Artikel XIII, nach dem marokkanische Untertanen nun als neutral angesehen wurden, wodurch Artikel X des Vertrags von Utrecht umgangen werden konnte.[195]

Jüdische Einwanderer konnten nun also mit Erlaubnis des Gouverneurs nach Gibraltar zurückkehren. Noch 1721 erwarben die ersten Juden Häuser in Gibraltar. 1724 wurde eine neue Synagoge gebaut.[196] Der Zensus von 1725 wies wieder 137 jüdische Einwohner auf.[197] Die Belagerung von 1727 hatte nur insofern Einfluss auf die jüdische Gemeinde, als dass durch den Beschuss große Zerstörungen auch an der Stadt angerichtet wurden, worunter selbstredend auch die Zivilbevölkerung und damit ebenfalls die jüdische Bevölkerung litt. Es waren aber auch die Juden, die neben britischen Konvois zur Versorgung der Garnison beitrugen.[198]

Der Tod des marokkanischen Sultans Mulai Ismael 1727 destabilisierte Marokko und sollte für die nächsten 30 Jahre zu blutigen Nachfolgekon-

---

192 Vgl.: STETSON, 1942. S. 35 f.
193 Vgl.: BENADY, T., 1989. S. 149.
194 Vgl.: Britisch – marokkanischer Vertrag von 1721. Zitiert nach: BENADY, T., 1989. S. 149 f.
195 Vgl.: BENADY. T., 1989. S. 149 f.
196 Vgl.: Ders.: Settlement, 2004. S. 82.
197 Vgl.: BL: Add MS 36137 fol. 143.
198 Vgl.: BENADY, T.: Settlement, 2004. S. 87.

flikten führen.¹⁹⁹ Eine Konsequenz daraus war, dass in den folgenden Jahren viele Juden aus Marokko nach Gibraltar flüchteten, wobei es nicht selten vorkam, dass marokkanische Juden vor allem ihre Kinder nach Gibraltar zu Vertrauten schickten, um sie vor der unsicheren Lage in Marokko zu schützen, waren doch viele Juden auch Berater der Machthaber und konnten so leicht zwischen die Fronten geraten.²⁰⁰

Für die Briten erwies sich die Lage in Marokko als äußerst vorteilhaft, waren doch ihre marokkanischen Verhandlungspartner durch die Kämpfe um die Nachfolge des Sultans deutlich geschwächt. So konnten die Briten im Vertrag von 1729²⁰¹ einige Artikel in ihrem Sinne gegenüber dem Vertrag von 1721 ändern. Die bedeutsamste Änderung bestand darin, dass es marokkanischen Untertanen nur noch für 30 Tage erlaubt war, sich für ihre Geschäfte in Gibraltar aufzuhalten. Diese Bestimmung sollte noch bis 1760 in alle folgenden Verträge zwischen Marokko und Großbritannien aufgenommen werden.²⁰² Allerdings wurde sie kaum angewendet, zumal nicht alle Juden in Gibraltar Händler waren, sondern ebenfalls Handwerker und Arbeiter,²⁰³ für die es sich sicherlich nicht gelohnt hätte, für nur 30 Tage nach Gibraltar zu kommen, deren Arbeitskraft und Gebühren in Gibraltar aber dringend benötigt wurden.

Ähnlich wie die Katholiken waren die Juden in der Ausübung ihrer Religion seitens der Militäradministration nicht eingeschränkt. Vielmehr nutzte man die Synagoge, die nach ihrer Errichtung 1724 das Zentrum der jüdischen Gemeinde war, um über Verordnungen und Bekanntmachungen der Gouverneure zu informieren. Der erste bekannte Rabbi kam 1726 aus Tetuan nach Gibraltar,²⁰⁴ was wenig verwundert, wenn man bedenkt, dass neben der geografischen Nähe zum marokkanischen Tetuan ebenfalls der

---

199 Vgl.: BETTEN, Arnold: Marokko. Antike, Berbertraditionen und Islam-Geschichte, Kunst und Kultur im Maghreb. Köln 1998. S. 63.
200 Vgl.: HIRSCHBERG, 1967. S. 162.
201 Vgl.: Britisch-marokkanischer Vertrag von 1729. Zitiert nach: HIRSCHBERG, 1967. S. 162 f.
202 Vgl.: HIRSCHBERG, 1967. S. 163.
203 Vgl.: HOWES, 1982. S. 7.
204 Vgl.: HASSID, Ronald.: The Rabbis of Gibraltar in the Eighteenth Century. In: Gibraltar Heritage Journal. Special Edition to Commemorate the Gibraltar Exhibition at the Jewish Museum (2004). S. 35–41. S. 36.

größte Teil der jüdischen Gemeinde aus Marokko stammte[205] und enge Beziehungen zur dortigen jüdischen Gemeinde gepflegt wurden.

Es ist anzunehmen, dass das Verhältnis zu den Katholiken im Allgemeinen sowohl in den ersten Jahren nach der Eroberung durch die Alliierten als auch im restlichen 18. Jahrhundert gut war. So beklagte etwa der Franziskanermönch Balbuena die Ausweisung eines sehr gebildeten aber nicht näher benannten Juden, der sich wohl auf einer der bereits erwähnten Listen Gouverneur Elliotts wiederfand, den Betrag für die Erlaubnis zu bleiben aber nicht aufbringen konnte.[206] Ob es sich hierbei um einen Mönch des nach 1704 verwaisten Franziskanerklosters handelte, der auch nach der alliierten Eroberung in der Stadt geblieben war, lässt sich leider nicht mehr klären.

---

205 Vgl.: BENADY, T.: Settlement, 2004. S. 89.
206 Vgl.: Ebd. S. 74 f.

5. Gibraltar 1730–1753

Zwar sollte das Verhältnis zwischen Spanien und Großbritannien nach dem Frieden von Sevilla 1729 für die folgenden zehn Jahre friedlich bleiben, das bedeutete allerdings nicht, dass damit auch Philips V. Vorhaben, Gibraltar zurückzugewinnen, aufgegeben worden wäre.[207] Das Scheitern der Belagerung von 1727 hatte allerdings deutlich gemacht, dass die militärischen Mittel Spaniens hierfür nicht ausreichten. Stattdessen wurden 1731 entlang der schmalen Landzunge, die Gibraltar mit dem spanischen Umland verband, militärische Befestigungen errichtet, die den Personen- und Warenverkehr überwachen beziehungsweise verhindern sollten.[208] Die Abhängigkeit Gibraltars etwa von Nahrungsmitteln aus dem spanischen Umland dürfte mittlerweile allerdings eher gering gewesen sein, zumal für die benachbarten Spanier der Schmuggel mit Tabak weitaus lukrativer war als der herkömmliche Handel mit Gibraltar.[209] Die militärischen Befestigungen, aus denen die heutige Stadt La Linea hervorgehen sollte, haben am Tabakschmuggel wahrscheinlich nur wenig ändern können. Zu günstig schien die Möglichkeit, Tabak in Gibraltar billig zu kaufen, der in Spanien aufgrund des staatlichen Tabakmonopols mit großem Profit verkauft werden konnte. Ohne Zweifel wurde durch die spanischen Grenzbefestigungen auch die Isolation Gibraltars vom spanischen Umland deutlich sichtbar, so dass der Belagerungszustand wenigstens gefühlt weiter andauerte. Zudem wurden die besten Ankerplätze in der Bucht von Gibraltar unbrauchbar, da diese nun zu nah an den spanischen Geschützen lagen.[210]

Ungeachtet der spanischen Versuche, die Versorgung Gibraltars über den Landweg soweit wie möglich zu erschweren, sollte das Verhältnis zwischen Spanien und Großbritannien für die folgenden zehn Jahre nach dem Frieden von Sevilla 1729 friedlich bleiben.[211] Erst 1739 führten der

---

207 Vgl.: JACKSON, 2001. S. 141.
208 Vgl.: STETSON, 1942. S. 128.
209 Vgl.: BENADY, T.: (2006). S. 89 ff.
210 Vgl.: ELLICOTT, 1965. S. 15.
211 Vgl.: GARRATT, 2007. S. 62.

War of Jenkins' Ear (1739–1748)[212] und der ein Jahr später ausbrechende Österreichische Erbfolgekrieg (1740–1748) wieder zu militärischen Auseinandersetzungen zwischen Großbritannien und Spanien. Ein Angriff auf Gibraltar erfolgte dabei aber nicht. Die wichtigste Konsequenz dieser beiden Konflikte lag in der Einrichtung eines *Vice Admirality Courts* 1739,[213] wodurch nun auch in Gibraltar gekaperte feindliche Schiffe verkauft werden konnten. Eine Maßnahme, die sicherlich auch mit dem Interesse der *Royal Navy* zusammenhing, mehr zivile Schiffe in die Kriegsführung einzubinden und den Handel feindlicher Länder zu stören. An der latenten Gefahr eines spanischen Angriffs auf Gibraltar sollte sich bis zum Tod Philips V. aber nichts ändern. Erst unter seinem Nachfolger Ferdinand VI. (1746–1759) zeigten sich Möglichkeiten zur Kooperation zwischen Gibraltar und dem Umland. So wurde der Handel zwischen Spanien und Gibraltar in der Folge erleichtert. Im Gegenzug gewährte man bereits 1748 spanischen Kontrolleuren, die den Tabakschmuggel bekämpfen sollten, Zutritt zu Gibraltar.[214] Eine gänzliche Öffnung der Grenze zum spanischen Hinterland, die umfangreichen Personen- und Warenverkehr ermöglicht hätte, konnte von den britischen Gouverneuren allerdings nicht erreicht werden. In jedem Fall aber wurde die Grenze deutlich durchlässiger, wodurch etwa Reisen nach Spanien sowie der Handel mit dem spanischen Umland, wenn auch in geringem Umfang, erleichtert wurden.[215]

Unverändert blieb allerdings die Korruption der Gouverneure beziehungsweise ihrer Stellvertreter auch nach dem Tod Portmores bestehen. Die Einnahmen, die ein Gouverneur in Gibraltar erzielen konnte, zählten zwar nicht zu den höchsten, die in solcher Position im Britischen Empire erreicht werden konnten, für den Nachfolger Portmores, Gouverneur Joseph Sabine (1730–1739),[216] waren diese Anreiz genug, damit dieser seine guten

---

212 Vgl.: CIMENT, James: Colonial America. An encyclopedia of social, political, cultural, and economic history, Band 4. Sp. 878–879.
213 Vgl.: CONSTANTINE, 2009. S. 80.
214 Vgl.: ELLICOTT, 1965. S. 16.
215 Vgl.: STETSON, 1942. S. 159.
216 Vgl.: Anlage 2.
Vgl.: TNA PRO: CO 389/55. Eintrag vom 8.1.1730.

Kontakte zum König nutzte, um in Gibraltar Gouverneur zu werden.[217] Ebenso wenig änderte sich an der Machtfülle der Gouverneure und der Vorrangstellung des Militärs. Es bestand zwar für Zivilisten die Möglichkeit, sich per Petition an den König zu wenden, um gegen Missstände und erlittenes Unrecht vorzugehen, die Aussicht auf Erfolg war allerdings eher gering. Zudem mussten die Verfasser der Petition mit Repressionen bis hin zur Verbannung rechnen. Dennoch waren nicht alle Petitionen vergebens. Hervorzuheben wäre vor allem der Fall des Briten Stephan Connings, der 1732 mit seiner Frau nach Gibraltar gekommen war. Zwei Jahre später ertappte er seine Frau beim Ehebruch mit einem Soldaten. Da er den Soldaten tätlich angegriffen hatte, wurde Connings zu 300 Peitschenhieben verurteilt.[218] Weil er das Urteil aber nicht akzeptierte, richtete er eine Petition an den König, der tatsächlich den Fall neu aufarbeiten ließ. Die Reaktion des Gouverneurs folgte prompt mit der Verbannung Connings, der wiederum per Petition Hilfe beim König suchte und in England eine Entschädigung für seinen verlorenen Besitz einzuklagen versuchte. Letztlich waren seine Bemühungen erfolgreich, was auch damit zusammenhing, dass sich sowohl britische Händler aus Gibraltar als auch zahlreiche Soldaten und Offiziere für ihn einsetzten und ebenfalls entsprechende Petitionen verfassten.[219] So konnte Connings eine finanzielle Entschädigung erreichen und nach Gibraltar zurückkehren. Dieser Fall verdeutlichte aber auch, dass der damalige Zustand, in dem in Gibraltar Straftaten durch das Militär verfolgt wurden, einiger Veränderung bedurfte, um zukünftig entsprechende Fälle zu vermeiden. In der Konsequenz wurde 1740 die *2nd Charter of Justice* vom britischen König beschlossen.[220] Diese sah die Einrichtung eines zivilen Gerichts für Kriminalfälle vor. Obwohl es sich hierbei um eine durchaus notwendige Reform handelte, wurde die *2nd. Charter of Justice* nie umgesetzt, was maßgeblich damit zu tun hatte, dass der vorgesehene Richter Robert Robinson seinen Posten nie antrat. Ebenso wenig wurde ein ziviles

---

217 Vgl.: BENADY, Tito: The Governors of Gibraltar II. (1730–1749). In: Gibraltar Heritage Journal. Nr. 10 (2003). S. 45–56. S. 46
218 Vgl.: FINLAYSON, 1996. S. 2.
219 Vgl.: TNA PRO: CO 389/55 fol. 108–119.
220 Vgl.: Ebd. S. 3 f.

Kriminalgericht eingeführt, so dass Straftaten weiter vom Militär verfolgt und geahndet wurden.[221]

Die Verhältnisse in Gibraltar sollten sich erst durch das Verhalten Gouverneur William Hargraves (1742–1749)[222] ändern, das derart zahlreiche Beschwerden seitens der Zivilbevölkerung verursachte, die auch bis nach London vordrangen, dass dieser seines Amtes enthoben wurde. Hauptsächlich wurde Hargrave vorgeworfen, nahezu willkürlich Hausbesitzer zu enteignen, um deren Häuser anschließend an zahlungskräftige Interessenten zu vergeben. Außerdem hatte Hargrave durch den Verkauf von Monopolen, etwa für die Versorgung der Garnison mit Nahrungsmitteln aus Marokko, die Lebenshaltungskosten in Gibraltar zusätzlich verteuert,[223] wobei hier nicht unterschlagen werden sollte, dass er sich damit nicht unbedingt von seinen Vorgängern unterschied. Allerdings ging Hargrave dabei wohl etwas skrupelloser vor. So wurde in London bekannt, dass *Captain* Preston vor Gericht gestellt worden war, weil er wegen der hohen Lebensmittelpreise einen Fisch geschmuggelt hatte. Eine andere Einwohnerin wurde enteignet, weil sie die Annäherungsversuche des Sekretärs Hargraves abwies.[224] Das Verhalten Hargraves lässt sich vielleicht auch dadurch erklären, dass er bereits zwischen 1722 und 1724 als *Commander in Chief* in Gibraltar Verantwortung trug[225] und somit um die nahezu uneingeschränkte Macht und die damit verbundenen Möglichkeiten zur persönlichen Bereicherung der Gouverneure und ihrer Vertreter wusste.

Umso mehr erschien es den verantwortlichen Ministern wie auch Georg II. (1727–1760) selbst nun nötig, die etwa durch willkürliche Enteignungen rechtlich unklaren Besitzverhältnisse in Gibraltar zu klären und wo nötig die Administration in Gibraltar zu modernisieren beziehungsweise dieser ein legitimes Fundament zu geben. Mit Humphrey Bland (1749–1753)[226] wurde ein hierfür bestens geeigneter Mann zum neuen Gouverneur Gibraltars ernannt, der nicht nur eine der wichtigsten militärtheoretischen Arbei-

---

221 Vgl.: BENADY, T., (1997). S. 20 f.
222 Vgl.: Anlage 2.
223 Vgl.: BENADY, T., (2003). S. 51 ff.
224 Vgl.: Ebd. S. 52.
225 Vgl.: BENADY, Tito: Governors of Gibraltar. In: Gibraltar Heritage Journal. Nr. 2 (1994). S. 73–78. S. 77.
226 Vgl.: Anlage 2.

ten[227] seiner Zeit verfasst, sondern sich bereits als *Commander in Chief* in Schottland sowie als *Quatermaster General to the Forces* bewährt hatte.[228]

Die anhaltenden Beschwerden hatten jedenfalls beim König Gehör gefunden, so dass dieser Bland mit einem klaren Gestaltungsauftrag versah,[229] der sich zunächst vor allem auf die Klärung der Besitzverhältnisse und den offenbar bedenklich hohen Alkoholkonsum der Soldaten und Offiziere in Gibraltar bezog.[230] In der Tat hatten vor allem die einfachen Soldaten in Gibraltar nicht unbedingt viele Möglichkeiten ihre Freizeit zu gestalten. Ihr Leben war im Wesentlichen auf Gibraltar beschränkt. Es bestand zwar die Möglichkeit nach Spanien zu reisen, hierfür wurde allerdings eine Genehmigung des Gouverneurs benötigt, die für einfache Soldaten nur schwer zu bekommen war. Insofern verwundert es nicht, dass die meisten Soldaten nicht nur in ihrer Freizeit zur Flasche griffen.[231] Problematisch erschien Bland neben den negativen Auswirkungen auf die Dienstfähigkeit der Soldaten auch, dass es sich bei dem verkauften Alkohol hauptsächlich um solchen spanischer oder portugiesischer Herkunft handelte. So versuchte Bland bereits kurz nach seiner Ankunft, den Import von Wein zu kontrollieren und zu begrenzen.[232] Der Verkauf von Wein war nur mit einer Lizenz des Gouverneurs gestattet.[233] Außerdem durfte nur eine begrenzte Menge Wein an Soldaten verkauft werden.[234] Dabei musste der Inhaber einer entsprechenden Lizenz genau dokumentieren, von wem und wie viel Wein er gekauft oder verkauft hatte. Bei einem Verstoß gegen diese Bestimmungen drohte der Verlust der Lizenz. Um die anfallenden Gebühren einzutreiben und die Einhaltung der Verordnungen zu kontrollieren, ernannte Bland einen Inspektor.[235] Ähnlich lautende Verordnungen lassen sich zudem hinsicht-

---

227 Vgl.: BLAND, Humphrey: A Treatise of Military Discipline; in Which is Laid down and Explained the Duty of the Officer and Soldier, thro' the Several Branches of the Service. London 1727.
228 Vgl.: BURKE, Bernard: A genealogical and heraldic dictionary of the landed gentry of Great Britain. London 1858. S. 100.
229 Vgl.: BL: Add MS 35590 fol. 283–285
230 Vgl.: GARRATT, 2007. S. 64.
231 Vgl.: HILLS, 1974. S. 288 f.
232 Vgl.: GNA: Governor's Letter Book 1749–1766. Eintrag vom 28.2.1751.
233 Vgl.: GNA: Bland's Regulations. Verordnung vom 1.7.1749.
234 Vgl.: GNA: Miscellaneons Papers. 1749 Papers. Verordnung vom 6.7.1749.
235 Vgl.: GNA: Bland's Regulations. Verordnung vom 1.7.1749.

lich des Imports von Tabak und Schnaps finden,[236] wobei versucht wurde, durch Gebühren den Handel von solchem britischer Herkunft zu fördern. Zudem lag es im Ermessen des Gouverneurs den Import von Waren zu begrenzen, wenn die vorhandenen Vorräte diesem ausreichend erschienen.[237] Geschmuggelte Waren sollten dabei konfisziert werden. Der Erlös wurde anschließend zwischen dem Gouverneur und dem Informanten geteilt.[238] Galt Blands Vorgängern der Verkauf von Tabak- und Alkohollizenzen noch als willkommene Einnahmequelle, so dienten sie nun der Begrenzung und Kontrolle des Konsums. Interessant erscheint hierbei, dass der Gouverneur durchaus die Kooperation mit den ansässigen Händlern suchte. So gingen etwa die Restriktionen hinsichtlich des Verkaufs von Rum auf einen Vorschlag ansässiger Händler zurück.[239]

Schwieriger gestaltete sich die Klärung der Besitzverhältnisse, musste dabei doch geprüft werden, ob der Anspruch der momentanen Besitzer gerechtfertigt war. Problematisch war dabei, dass kaum entsprechende Aufzeichnungen vorhanden waren, die hätten klären können, wann und wie jemand in den Besitz eines Hauses gekommen war. Die Vorgänger Blands hatten darüber kaum Aufzeichnungen geführt, zumal einige von ihnen Häuser mitunter willkürlich enteignet bzw. vergeben hatten, und betreffende Kirchenregister, die etwa auch über Erbschaften hätten aufklären können, waren, soweit diese existierten, bereits nach Spanien geschmuggelt worden.[240]

Diese Problematik war wohl auch Georg II. bekannt, weshalb er Bland bereits im Mai 1749 beauftragt hatte, nach seiner Ankunft in Gibraltar einen so genannten *Court of Enquiery* einzurichten, um die Besitzverhältnisse zu klären.[241] Dieser bestand sowohl aus Mitgliedern des Militärs als auch

---

236 Vgl.: GNA: Governor's Letter Book 1749–1766. Eintrag vom 28.2.1751.
237 Vgl.: GNA: Bland's Regulations. Bland's Regulations.
238 Vgl.: GNA: Governor's Letter Book 1749–1766. Verordnung vom 19./30.1.1750.
239 Vgl.: GNA: Governor's Letter Book 1749–1766. Holride, Den, Read, Lewis, Cruchet an Bland 28.2.1751.
240 Vgl.: CARUANA, 1989. S. 15.
241 Vgl.: BL: Add MS 35590 fol. 285
GNA: Bland's Regulations. Eintrag vom 1.9.1749.

aus ansässigen britischen Händlern. Der Vorsitzende entstammte ebenfalls dem Militär.

Welcher Anspruch gerechtfertigt war, sollte nach einer Beratung des Gerichts beschlossen werden, wobei die Vertreter des Militärs in der Mehrheit waren. Bei Befangenheit durften die Mitglieder des *Court of Enquiery* ihre Funktion nicht wahrnehmen und mussten sich vertreten lassen,[242] was wohl vor allem hinsichtlich der zivilen Beisitzer durchaus zutreffen konnte. Die Beschlüsse bedurften dabei der Bestätigung durch den Gouverneur, die, abgesehen von wenigen Ausnahmen, immer erfolgte. Wer einen Beschluss des *Court of Enquiery* anfechten wollte, musste sich ebenfalls an den Gouverneur wenden.[243] Neben dem Richter und seinen Beisitzern ernannte Bland ebenfalls einen zuständigen Sekretär. Bei diesem mussten Hausbesitzer ihren Anspruch schriftlich geltend machen.[244] Per Aushang war dabei der Bevölkerung jeweils einen Tag vor der entsprechenden Verhandlung bekanntgegeben worden, über welche Häuser verhandelt wurde.[245] Konnte ein Einwohner seinen Anspruch nicht innerhalb dieser kurzen Frist geltend machen, bestand die Möglichkeit einer nachträglichen Verhandlung. War es einem Hausbesitzer auch in absehbarer Zeit nicht möglich, seine Ansprüche persönlich geltend zu machen, so stand es ihm zudem offen einen Vertreter mit seinen Angelegenheiten zu beauftragen.[246]

Die erste Sitzung des *Court of Enquiery* fand am 2. August 1749 statt. Verhandelt wurde jeweils Montag bis Freitag ab acht Uhr. Dabei versuchte das Gericht die einzelnen Häuser möglichst systematisch, also Straße für Straße, abzuarbeiten, wobei allerdings pro Sitzungstag meist kaum mehr als drei Häuser verhandelt werden konnten.[247] So überrascht es nicht, dass der *Court of Enquiery* erst am 15. November 1749 seine Arbeit beendet hatte. Häufig fehlte es in den Verhandlungen an schriftlichen Nachweisen, wie Besitzurkunden. Meist konnte bestenfalls nur ein Testament vorgelegt werden, in dem lediglich dokumentiert war, von wem der damalige Besitzer

---

242 Vgl.: GNA: Bland's Regulations. Court of Enquiery Records. S. 2.
243 Vgl.: GNA: Bland's Regulations. Court of Enquiery Records. S. 6.
244 Vgl.: GNA: Bland's Regulations. Court of Enquiery Records. S. 2.
245 Vgl.: GNA: Bland's Regulations. Court of Enquiery Records. S. 3.
246 Vgl.: GNA: Bland's Regulations. Court of Enquiery Records. Verhandlung vom 10.8.1749 (Anspruch John Baptista Sturla). S. 36.
247 Vgl.: GNA: Bland's Regulations. Court of Enquiery Records. S. 3.

sein Haus geerbt hatte. Es konnte aber keinen Aufschluss darüber geben, unter welchen Umständen das Haus ursprünglich in den Besitz der Familie gelangt war. Konnten nicht genügend Dokumente gefunden werden, bestand die Möglichkeit, dass Hausbesitzer Zeugen benannten, um ihren Anspruch zu untermauern.[248] Gab es keinen konkurrierenden Anspruch eines anderen Einwohners, so wurden im Normalfall die Ansprüche der Einwohner bestätigt.

Allerdings scheute das Gericht keineswegs davor zurück, willkürliche oder allzu eigennützige Entscheidungen ehemaliger Gouverneure aufzuheben. So hatte etwa Clayton seiner ehemaligen Geliebten und ihrer gemeinsamen Tochter ein Haus mietfrei zur Verfügung gestellt. Der *Court of Enquiery* stellte aber klar, dass die Häuser in Gibraltar Eigentum des Königs seien und Clayton keineswegs befugt war, diese kostenfrei zu seinem eigenen Nutzen zu vergeben. In der Konsequenz durfte Claytons Tochter zwar ihr Haus weiter bewohnen, musste dafür aber fortan Miete bezahlen.[249]

Zudem wurden die Mieten für die Häuser neu festgelegt und dabei meist reduziert. Diese sollten jeweils zum ersten, spätestens aber am siebten Tag jeden Monats gezahlt werden.[250] Für deren Eintreibung wurden *Civil Officers* ernannt.[251]

Um zu vermeiden, dass nachfolgende Gouverneure sich erneut durch willkürliche Enteignungen bereicherten, wurde klargestellt, dass, solange die Hausbesitzer die Miete pünktlich bezahlten und ihre Häuser falls nötig renovierten, diese nicht enteignet werden konnten. Weiterhin legte Bland fest, dass die Häuser in Gibraltar durch die Flucht der ursprünglichen Bevölkerung Eigentum des Königs geworden waren und alle Mieteinnahmen deshalb auch diesem zustünden. Damals noch nicht vergebene oder wieder frei gewordene Häuser und Grundstücke sollten zukünftig nur noch an britische Untertanen vergeben werden. Besitz zu vergeben, war fortan nur noch den Gouverneuren oder ihren direkten Stellvertretern vorbehalten.

---

248 Vgl.: GNA: Bland's Regulations. Court of Enquiery Records. Verhandlung vom 10.8.1749 (Anspruch Jacomo Casanova. S. 33 f).
249 Vgl.: GNA: Bland's Regulations. Court of Enquiery Records. Nachtrag Nr. 207.
250 Vgl.: GNA: Bland's Regulations. Court of Enquiery Records. Verordnung 1.10.1749.
251 Vgl.: GNA: Bland's Regulations. Extract of Bland's Regulations.

Waren beide abwesend und durch einen *Commander in Chief* vertreten, durfte dieser allenfalls über Renovierungen entscheiden, ihm stand es aber nicht zu, Besitz zu vergeben.[252]

Bindend wurden *Bland's Regulations*, womit zunächst vor allem die Verordnungen hinsichtlich des Imports von Alkohol und die Ergebnisse des *Court of Enquiery* gemeint waren, für die nachfolgenden Gouverneure allerdings erst durch die Bestätigung dieser durch den König selbst.[253] Wie wichtig eine solche Bestätigung war, zeigten Versuche britischer Händler, diese nach dem Fortgang Blands 1754 gleich wieder zu umgehen.[254]

So bedeutend diese Verordnungen auch waren, blieb Blands Reformeifer keineswegs nur auf diese beschränkt. Allgemein muss dieser bereits kurz nach seiner Ankunft einen großen Mangel an ziviler Verwaltung festgellt haben.[255] Dem versuchte Bland durch den Aufbau von Verwaltungsstrukturen beizukommen, indem Zuständigkeiten und Verantwortung meist zivilen Amtsträgern übertragen wurden.

So sollten etwa die anhaltend hohen Preise für Nahrungsmittel durch Fixpreise[256] behoben werden. Die Aufsicht über den Markt hatte dabei ein, von Bland ernannter, *Clerk* inne.[257] Zwar mussten nach kurzer Zeit die Fixpreise wieder aufgehoben werden, da die Händler die Versorgung Gibraltars mit Nahrungsmitteln nicht kostendeckend sicherstellen konnten,[258] dies bedeutete allerdings nicht, dass Blands Bemühungen, dieses fast schon chronische Problem Gibraltars zu beheben, damit ein Ende gefunden hätten. So mussten Metzger genaue Aufzeichnungen führen, wie viel Vieh sie geschlachtet und wie viel Fleisch sie verkauft hatten.[259] Weiterhin wurde es

---

252 Vgl.: GNA: Bland's Regulations. Court of Enquiery Records. S. 6.
253 Vgl.: BL: Add MS 38331 fol. 185-186.
     GNA: Bland's Regulations. Court of Enquiery Records. Brief Georgs II. an Humphrey Bland vom 12.3.1752.
254 Vgl.: TNA PRO: T1/348/30.
255 Vgl.: CONSTANTINE, 2009. S. 80.
256 Vgl.: Anlage 5.
257 Vgl.: GNA: Miscellaneons Papers. 1750 Papers. Verordnung vom 16.2.1750.
258 Vgl.: GNA: Miscellaneons Papers. 1750 Papers. Verordnung vom 15.10.1750.
259 Vgl.: Anlage 6.

Straßenhändlern untersagt, frühmorgens Nahrungsmittel auf dem Markt aufzukaufen, um diese später zu hohen Preisen zu verkaufen.[260]

Ein weiteres Problem stellte die meist schlechte Qualität des Brotes und die geringe Anzahl an Bäckern dar, was vor allem auf die schlechte Versorgung mit Getreide zurückgeführt wurde. In der Konsequenz war die Vergabe einer entsprechenden Lizenz an einen ausreichend großen Vorrat mit qualitativ hochwertigem Getreide und Erfahrung gekoppelt. Außerdem wurden Größe und Gewicht des produzierten Brotes festgelegt. Wer dagegen verstieß, riskierte den Verlust seiner Lizenz.[261] Mit der Kontrolle der Bäcker war spätestens in den 1770er Jahren der *Spanish Searjent* betraut.[262] Ob ihm diese Aufgabe allerdings bereits zu jenem Zeitpunkt zukam, lässt sich heute nicht mehr klären.

Der schlechte Zustand auch vieler militärischer Gebäude veranlasste Bland, Inspektoren zu ernennen, die den Zustand baufälliger Gebäude überprüfen sollten. Gerade bei den Kasernen gab es wohl einigen Renovierungsbedarf.[263]

Durch die folgenden Renovierungsarbeiten entstand so viel Bauschutt auf den Straßen, dass ein *Carpenter* damit beauftragt wurde, diesen zu entsorgen.[264] Davon abgesehen wurden alle Einwohner verpflichtet, die Straße vor ihrem Haus sauber zu halten und den Müll jeden Morgen in der Mitte der Straße zu sammeln, damit dieser anschließend von einem *Scavenger* entsorgt werden konnte.[265]

Ohne Zweifel hatten die Reparaturen gerade der militärischen Befestigungsanlagen auch mit Blands Befürchtung eines spanischen Angriffs auf Gibraltar zu tun,[266] der allerdings ausblieb.

Die Erlaubnis für eine Kalksteinbrennerei stand wohl ebenfalls im Zusammenhang mit dem großen Bedarf an Baumaterial. Allerdings sollte

---

260 Vgl.: GNA: Governor's Letter Book 1749–1766. Verordnung vom 21.8.1752.
261 Vgl.: GNA: Governors Letter Book 1749–1766. Verordnung 13.3.1750.
262 Vgl.: CONSTANTINE, 2009. S. 22.
263 Vgl.: GNA: Governors Letter Book 1749–1766. Verordnung 16.2.1750.
264 Vgl.: GNA: Governors Letter Book 1749–1766. Verordnung 3.10.1750.
265 Vgl.: GNA: Governors Letter Book 1749–1766. Verordnung 23.7.1751.
266 Vgl.: GNA: Governors Letter Book 1749–1766. Bland an Chief Engeneer James Moontresor 20.3.1751.

dies, schon allein wegen der hohen Brandgefahr, nur außerhalb der Stadt geschehen.[267]

Reformbedarf sah Bland, wohl auch aus London angeregt, in der zivilen Strafverfolgung. Zivile Straftäter fielen nun in die Zuständigkeit der *Civil Magistrats*, die auf die volle Unterstützung des Militärs zurückgreifen konnten. Nur wenn Zivilisten Straftaten gegen das Militär verübten, lag die Zuständigkeit beim Militär.[268] Da die *2$^{nd.}$ Charter of Justice* in Gibraltar nie umgesetzt wurde, richtete Bland ein Kriminalgericht ein.[269] Hierfür wurden drei *Justices of Peace* ernannt. Dabei handelte es sich allerdings um den Gouverneur selbst, seinen Sekretär oder einen *Judge Advocat* sowie einen lokalen britischen Händler. Zwar verfügte das Kriminalgericht damit auch über wenigstens einen zivilen Vertreter, die militärischen Vertreter waren allerdings in der Mehrheit. Den Vorsitz bei Gericht führte der Gouverneur selbst.[270]

Die doch relativ kurze Amtszeit Blands zeichnete sich also nicht nur durch den Aufbau von Verwaltungsstrukturen aus, sondern auch durch die Bindung nachfolgender Gouverneure an bestimmte Rechtsgrundsätze, die diese nun nicht mehr einfach ignorieren konnten. Freilich war London immer noch weit entfernt, so dass das Handeln der Gouverneure auch weiterhin nur schwer zu kontrollieren war, allerdings stand nun die Möglichkeit offen, etwa gegen eine nicht gerechtfertigte Enteignung, in London zu klagen. Außerdem brachen mit den Bestimmungen hinsichtlich der Mieten sowie des Imports und Verkaufs von Alkohol zwei Einnahmequellen von doch recht zweifelhafter Legitimität und Legalität weg, die einen nicht unerheblichen Anteil der Einkünfte früherer Gouverneure ausgemacht hatten, aber nach Blands Dafürhalten entweder wie im Falle der Mieten dem König zustanden oder hinsichtlich letzterem nicht im Interesse der Verteidigungsbereitschaft der Festung lagen. Zwischen 1749 und 1751 konnte sogar ein Überschuss von über 3600 £ erzielt werden,[271] was allerdings für das 18. Jahrhundert eine seltene Ausnahme gewesen sein dürfte.

---

267 Vgl.: GNA: Governors Letter Book 1749–1766. Verordnung 19.6.1752.
268 Vgl.: GNA: Governors Letter Book 1749–1766. Verordnung 18.5.1753.
269 Vgl.: TAYLOR, Roger: Solicitors of the Supreme Court of Gibraltar. In: Gibraltar Heritage Journal. Nr. 9 (2002). S. 89.
270 Vgl.: BENADY, T., (1997). S. 22.
271 Vgl.: TNA PRO: T1/353/117.

Wieder in Großbritannien angekommen, verfasste Bland einen Bericht über seine Amtszeit als Gouverneur Gibraltars.[272] Kaum überraschend wurden auch jene Verordnungen wie die Festlegung von Fixpreisen als Erfolg dargestellt, die eigentlich gescheitert waren. Allerdings ging es hier kaum um eine reine Selbstdarstellung, zumal Blands Amtszeit als Gouverneur Gibraltars in der Tat im Hinblick auf die gestiegene Rechtssicherheit und die geschaffenen Verwaltungsstrukturen außerordentlich erfolgreich war. Mit dem Bericht sollte jener Begriff von *better Goverment*[273] konkretisiert und inhaltlich erfüllt werden, den Bland im Zusammenhang seiner Ernennung zum Gouverneur Gibraltars gebraucht hatte. Schließlich wurde er nach Gibraltar geschickt, um die Missstände, die seine Vorgänger mitverschuldet hatten, dauerhaft zu beenden und hierfür nachhaltige Lösungen zu finden. So hat sein Abschlussbericht auch eher den Charakter einer Anleitung für zukünftige Gouverneure Gibraltars. Dazu passt auch, dass neben einer Übersicht seiner Reformen[274] auch konkrete Hinweise zu finden sind, wie mit dem spanischen Umland[275] sowie Tetuan und Tanger[276] im Problemfall zu verfahren sei.

---

272 Vgl.: BL: Lansd. 1234 fol. 93–132.
273 Vgl.: BL: Add MS 35590 fol. 284.
274 Vgl.: BL: Lansd. 1234 fol. 93–105.
275 Vgl.: Ebd. fol. 105–108.
276 Vgl.: Ebd. fol. 109–111.

6. Die Zivilbevölkerung 1730–1753

Unabhängig davon, ob nun nach der Belagerung von 1727 noch etwa 500 oder 800 Einwohner in Gibraltar lebten, ist davon auszugehen, dass nach 1727 erneut ein großer Bedarf an Arbeitskräften und damit auch an Migranten vorherrschte.[277] Dabei war dem Gouverneur durchaus bewusst, dass diese ähnlich wie in der Vergangenheit nicht aus Großbritannien kommen würden, so dass hinsichtlich der Zuwanderung kaum auf konfessionelle Präferenzen Rücksicht genommen werden konnte.[278] Abgesehen davon wurde bereits darauf hingewiesen, welche eminent wichtige Rolle den jüdischen Einwohnern Gibraltars hinsichtlich der Versorgung der Garnison zukam. Da die Gouverneure die Haltung der britischen Regierung, vor allem protestantische Zuwanderung zu fördern,[279] nicht einfach ignorieren konnten, wurden Aufzeichnungen über die Herkunft von Einwanderern schlicht unterlassen. Andererseits konnten die Gouverneure von Katholiken und Juden größere Einnahmen durch höhere Gebühren und Mieten erzielen.[280] Dass sich erst wieder nach 1751 Verordnungen finden lassen, die einer unkontrollierten Zuwanderung entgegenwirken und alle Personen, die sich ohne Erlaubnis des Gouverneurs in Gibraltar aufhielten, der Garnison verweisen sollten,[281] lässt auf eine eher langsame Erholung der Bevölkerung schließen. Neben den Zerstörungen, die die Belagerung von 1727 mit sich gebracht hatte, lag dies auch darin begründet, dass die wirtschaftlichen Möglichkeiten Gibraltars zumindest in der ersten Hälfte des 18. Jahrhunderts kaum eine größere Zuwanderung hätten tragen können.[282]

So sehr Arbeitskräfte in Gibraltar etwa für Reparaturen und Ausbau der Verteidigungsanlagen auch benötigt wurden, war die Zivilbevölkerung dennoch dem Militär unterworfen. Dies wirkte sich nicht nur hinsichtlich eines an militärischen Bedürfnissen ausgerichteten und vielen Restriktionen

---

277 Vgl.: HOWES, 1982. S. 2.
278 Vgl.: CONSTANTINE, 2009. S. 36.
279 Vgl.: Ebd. S. 31.
280 Vgl.: ANDREWS, 1958. S. 57.
281 Vgl.: GNA: Governors Letter Book 1749–1766. Verordnung vom 18.3.1751.
282 Vgl.: HOWES, 1982. S. 12.

unterworfenen Tagesablaufs aus, sondern ebenso dahin gehend, dass auch weiterhin viele Bereiche des ohnehin schon räumlich begrenzten Gibraltars für Zivilisten unzugänglich waren.[283] Andererseits waren wohl die meisten Gouverneure, wenn auch nicht immer mit Erfolg, durchaus bemüht, die Disziplin der Soldaten aufrecht zu erhalten, nicht zuletzt auch um Konflikte zwischen Soldaten und Zivilisten zu vermeiden. Allerdings versuchten ebenfalls die Zivilisten, den Soldaten aus dem Weg zu gehen,[284] zu deren Alltag nicht selten sowohl Prostitution als auch große Mengen Alkohol gehörten. Beides stand in Gibraltar unter Strafe. Begingen Soldaten Straftaten an Zivilisten, mussten diese damit rechnen, vor Gericht gestellt zu werden. Im Falle einer Verurteilung drohten diesen schwere Strafen. Häuften sich Beschwerden gegen Soldaten zu sehr, wurde ein allgemeines Kriegsgericht abgehalten, um diese zu überprüfen und gegebenenfalls einzugreifen.[285] So wurde der Soldat George Peek im Mai 1751 des Einbruchs für schuldig befunden und einen Tag nach dem Urteil gehängt.[286]

Zwar ist auf Grund der doch sehr lückenhaften Aktenlage über das wohl wenig abwechslungsreiche Alltagsleben der Bevölkerung nicht viel bekannt, allerdings weisen die Akten des *Court of Enquiery* darauf hin, dass es in Gibraltar wohl bereits seit 1718 mit dem so genannten *Fives Court* ein Theater und einen Tennisplatz gab.[287] Zumindest aus den 1770er Jahren ist bekannt, dass es sich bei den Schauspielern des Theaters nicht selten um britische Soldaten handelte, es sollen aber auch spanische Theatergruppen aufgetreten sein.[288]

Außerdem versuchten viele Einwohner Gibraltars, in ihren Gärten Obst und Gemüse anzubauen, um so einen Teil ihres Bedarfs selbst zu decken.[289] Zum einen lag dies sicherlich in den hohen Lebensmittelpreisen begründet, zum anderen konnten diese so Versorgungsengpässe zumindest teilweise

---

283 Vgl.: FINLAYSON, (2002). S. 30.
284 Vgl.: HILLS, 1974. S. 290.
285 Vgl.: GNA: Governors Letter Book 1749–1766. Eintrag vom 25.4.1751.
286 Vgl.: GNA: Governors Letter Book 1749–1766. Eintrag vom 7.5.1751.
287 Vgl.: LOMBARD, Toni: Fives Court. In: Gibraltar Heritage Journal. Nr. 7 (2000). S. 49–74. S. 53.
288 Vgl.: Ebd. S. 55.
289 Vgl.: POOLE, Robert: Description of Gibraltar in 1748. In: Gibraltar Heritage Journal. Nr. 3 (1995). S. 65 f.

vermeiden. Zwar dürfte die Bevölkerung in den ersten Jahren nach der Belagerung von 1727 eher langsam, dann aber wahrscheinlich kontinuierlich, gewachsen sein, so dass ebenfalls der Bedarf an Lebensmitteln immer größer wurde.

Begünstigt wurde dieses Bevölkerungswachstum zudem durch einen wirtschaftlichen Aufschwung ab 1748.[290] Dass dieser zeitlich mit der Verbesserung der Beziehungen zwischen Großbritannien und Spanien nach dem Österreichischen Erbfolgekrieg[291] zusammenfiel, war wohl kein Zufall. Allerdings waren während diesem einige Einwohner bereits als *privateers* zu Reichtum gekommen.[292] Der nun zunehmende *entrepot trade* erweiterte die wirtschaftlichen Möglichkeiten Gibraltars, auch wenn dieser noch nicht den Stellenwert des Handels mit der Garnison hatte.[293] Der wachsende Wohlstand der Zivilbevölkerung in Gibraltar hatte auch zur Folge, dass die Nachfrage nach Wohnraum deutlich stieg, so dass die Enteignungen, die letztlich zur Abberufung Hargraves führten, auch in diesem Zusammenhang zu sehen sind. Beanspruchten die Gouverneure Gibraltars vor Bland doch die Mieten für sich, so bot sich für Hargrave durch die Vergabe von Häusern an reiche Interessenten die Möglichkeit, von diesem Aufschwung durch höhere Mieten auch persönlich zu profitieren. Zum Verhängnis dürfte Hargrave neben der mangelnden rechtlichen Grundlage seines Handelns vor allem der Umstand geworden sein, dass er die Häuser meist an *foreigners*, also an Katholiken und Juden, vergab.[294] Dabei hatte die britische Regierung keineswegs den Plan eines protestantisch dominierten Gibraltar aufgegeben und war somit nicht bereit zuzulassen, dass noch mehr Besitz in Gibraltar an Katholiken und Juden vergeben wurde.[295]

In der Folge legte Bland fest, dass zukünftig nur noch Besitz an Protestanten übertragen werden durfte. Wieder frei werdende Häuser sollten, wann immer möglich, zurückgekauft und an Protestanten vergeben werden[296] Eine Ausnahme bildeten *Natives*, also in Gibraltar geborene Personen, die

---

290 Vgl.: JACKSON, 2001. S. 142.
291 Vgl.: DUCHHARDT, 1997. S. 303 ff.
292 Vgl.: BENADY, T., 1989. S. 155.
293 Vgl.: HOWES, 1982. S 11.
294 Vgl.: BENADY, T., (2003). S. 52.
295 Vgl.: CONSTANTINE, 2009. S. 31.
296 Vgl.: GNA: Bland's Regulations. Extract of Bland's Regulations.

als britische Untertanen angesehen wurden und somit ebenfalls in Gibraltar Besitz erwerben durften,[297] aber zahlenmäßig noch kaum von Bedeutung waren. Katholiken und Juden, die bereits in Gibraltar zu Besitz gekommen waren, durften diesen behalten. Diese konfessionellen Restriktionen wurden in gleich mehrfacher Hinsicht umgangen. So konnten etwa Schiffe, die im Hafen ankerten als Unterkünfte dienen, die sich dem Einflussbereich des Gouverneurs entzogen. Häufiger kam es aber zu Kooperationen zwischen Protestanten und Katholiken oder Juden. So erhielten Protestanten von diesen Geld, um in den Besitz von Häusern zu kommen und diese anschließend dauerhaft an ihrer Geldgeber weiterzuvermieten. Bemerkenswert war zudem, dass Bland selbst sechs von 15 Objekten während seiner Amtszeit an Katholiken und Juden vergab und insofern gegen seine eigenen Bestimmungen verstieß. Obwohl diese noch bis 1802 in Gibraltar in Kraft bleiben sollten[298] verwundert es wenig, dass diese konfessionellen Restriktionen von Anfang an schon allein an der mangelnden britisch-protestantischen Zuwanderung scheitern mussten. Eine ausreichend große Zuwanderung konnte eben nur durch Katholiken und Juden sichergestellt werden, wobei die Bedeutung der Juden für die Versorgung der Garnison dabei nicht vergessen werden darf. Diese konfessionellen Vorbehalte waren also weder besonders pragmatisch noch realistisch durchführbar, ohne dass die Garnison, zumindest hinsichtlich der Versorgung mit Lebensmitteln und Arbeitskräften, Schaden genommen hätte. Insofern kann es nicht verwundern, dass diese nur wenig Einfluss auf die Bevölkerungsentwicklung Gibraltars hatten.

Dennoch soll nicht unterschlagen werden, dass spätestens ab 1751 die Zuwanderung nach Gibraltar wieder kontrolliert und begrenzt wurde,[299] was darauf schließen lässt, dass sich zu diesem Zeitpunkt die Zivilbevölkerung zahlenmäßig wieder erholt hatte. In der Tat wies der Zensus von 1753[300] 1791 Einwohner aus. Verglichen mit dem Zensus von 1725 war die Bevölkerung also um mehr als 60 % gewachsen, was im Wesentlichen

---

297 Vgl.: HALLER, Dieter: Gelebte Grenze Gibraltar. Transnationalismus, Lokalität und Identität in kulturanthropologischer Perspektive. Wiesbaden 2000. S. 150.
298 Vgl.: CONSTANTINE, 2009. S. 32 f.
299 Vgl.: GNA: Governors Letter Book 1749–1766. Verordnung vom 18.3.1751.
300 Vgl.: Anlage 3.

auf die positive wirtschaftliche Entwicklung und die offene Einwanderungspolitik der Vorgänger Blands zurückzuführen war. Hinzu kam, dass bis zu diesem Zeitpunkt Gibraltar von einem erneuten spanischen Angriff und den damit verbundenen Zerstörungen verschont blieb.

Die zahlenmäßig größte Bevölkerungsgruppe blieben die Genuesen (597), dicht gefolgt von Juden (572) und Briten (414). Im Gegensatz zu diesen drei Bevölkerungsgruppen hatte die Anzahl an Spaniern (183), verglichen mit dem Zensus von 1725, deutlich abgenommen. Hinzu kam eine geringe Zahl Portugiesen (25).

Die Zusammensetzung der Bevölkerung hatte sich also seit 1725 nicht unwesentlich verändert. Den deutlichsten Zuwachs hatte dabei die jüdische Gemeinde zu verzeichnen, die sich zahlenmäßig mehr als vervierfachte. Zwar verdoppelte sich ebenfalls der Anteil der Briten an der Zivilbevölkerung, sie blieben aber dennoch deutlich in der Minderheit – ein Umstand der sowohl dem Gouverneur als auch der britischen Regierung wohl bereits vorher bekannt, für diese aber keineswegs zufriedenstellend gewesen sein dürfte. Die Spanier, die 1725 noch die zweitgrößte Bevölkerungsgruppe Gibraltars bildeten, hatten sich von der Verbannung im Vorfeld der Belagerung von 1727 nicht erholen können.

6.1 Die Protestanten

Der Rückschritt, den die Belagerung von 1727 zweifelsohne für die Zivilbevölkerung bedeutete, betraf natürlich ebenfalls die Protestanten. Gerade für britische Händler dürfte Gibraltar, dessen wirtschaftliche Bedeutung in der ersten Hälfte des 18. Jahrhunderts eher gering war, kaum attraktiver geworden sein. Allerdings eröffneten Reparaturen und der Ausbau von Verteidigungsanlagen wirtschaftliche Möglichkeiten für britische Handwerker. So wurden direkt nach der Belagerung von 1727 die nördlichen Verteidigungsanlagen ausgebessert und erweitert.[301] Allgemein setzte nach 1727 eine doch recht rege Bautätigkeit ein, um einerseits für einen erneuten spanischen Angriff gewappnet zu sein und andererseits Gibraltar als Mittelmeerbasis auszubauen. So wurde etwa 1746 das *Naval Hospital* massiv

---

301 Vgl.: GARRATT, 2007. S. 62.

ausgebaut.[302] Ohne Zweifel wurde Gibraltar damit zumindest für britische Handwerker attraktiver. Wenn schon nicht britische Händler in nennenswertem Umfang nach Gibraltar gelockt werden konnten, so gelang dies zumindest hinsichtlich britischer Handwerker. Vor allem auf diese gründete sich der Zuwachs der Briten und damit der Protestanten, der durch den Zensus von 1753 dokumentiert wurde.

Bemerkenswert scheint zudem, dass ab 1730 Briten zunehmend zusammen mit ihren Frauen nach Gibraltar kamen.[303] Dabei kann nicht davon ausgegangen werden, dass die Schäden an der Stadt bereits kurz nach der Belagerung von 1727 behoben gewesen wären, so dass die Bedingungen in Gibraltar zu diesem Zeitpunkt eigentlich Migration kaum begünstigt hatten. Allerdings rechnete ein nicht unerheblicher Teil der britischen Handwerker durchaus wegen der guten Beschäftigungsmöglichkeiten in Gibraltar mit einem wenigstens mittelfristigen Aufenthalt.

Dennoch blieben auch diese britischen Migranten meist nur solange in Gibraltar, bis sie genügend Geld verdient hatten.[304] Einigen war der große katholische Anteil an der Bevölkerung unheimlich,[305] für die meisten dürften aber vor allem die größeren zivilen Freiheiten sowie die allgemein bessere Lebensqualität in Großbritannien beim Entschluss, Gibraltar wieder zu verlassen, im Vordergrund gestanden haben.[306] Dass die Anzahl der britisch-protestantischen Bevölkerung bis 1753 deutlich zugenommen hatte, kann also im Zusammenhang mit der Vorstellung der britischen Regierung von einer britisch-protestantisch dominierten Zivilbevölkerung[307] nur als Erfolg von zweifelhaftem Wert angesehen werden.

Auch wenn eine nachhaltige protestantische Zuwanderung ausblieb, kam gerade den Protestanten auch weiterhin eine wichtige Rolle in der zivilen Administration zu.[308] So waren unter anderem die zivilen Beisitzer des *Civil Court* oder des *Court of Enquiery* von 1749 ausschließlich britische Pro-

---

302 Vgl.: BENADY, Sam : Civil Hospital and Epidemics in Gibraltar. A History of St. Bernard's Hospital. Gibraltar 1994. S. 21.
303 Vgl.: Ders., (2003). S. 69.
304 Vgl.: Ders.: Ward family, (2007). S. 29.
305 Vgl.: ODA-ANGEL, 2000. S. 11.
306 Vgl.: ARCHER, 2006. S. 40.
307 Vgl.: HOWES, 1982. S. 9.
308 Vgl.: BENADY, T.: Ward family, (2007). S. 29.

testanten. Bedeutung kam den Protestanten aber auch insofern zu, als dass diese gegen Missstände in Großbritannien klagen konnten. Die Protestanten trugen in dieser Hinsicht also auch zur wachsenden Rechtssicherheit in Gibraltar bei.[309]

Dabei sollte allerdings nicht unterschlagen werden, dass gerade die britische Oberschicht auch gute Kontakte zu den anderen Bevölkerungsgruppen in Gibraltar pflegte. So lassen sich neben wirtschaftlichen Kooperationen[310] auch Eheschließungen zwischen Briten und anderen Bevölkerungsgruppen nachweisen.[311]

6.2 Die Katholiken

Wenn auch unter den Vorgängern Blands kaum Aufzeichnungen hinsichtlich der Zuwanderung geführt wurden, so ermöglicht immerhin der Zensus von 1753 einen genaueren Einblick hinsichtlich der Größe und Zusammensetzung der katholischen Bevölkerung. Zunächst fällt dabei auf, dass die Anzahl der Katholiken in Gibraltar zwar leicht zugenommen, ihr Anteil an der Gesamtbevölkerung insgesamt aber abgenommen hatte. Kamen die Katholiken 1725 noch zu fast gleichen Teilen aus Genua und Spanien, dominierten 1753 die Genuesen die katholische Gemeinde.[312] Das lange Zeit schlechte Verhältnis zwischen Spanien und Großbritannien und der damit verbundene deutlich eingeschränkte Personen- und Warenverkehr schufen allerdings auch nicht die besten Voraussetzungen für eine größere spanische Zuwanderung. Zudem stellt sich durchaus die Frage, ob die Gouverneure Gibraltars eine größere spanische Gemeinde toleriert hätten oder diese, ähnlich wie 1727 erneut aus Gibraltar verbannt hätten. Häufige Eheschließungen zwischen Genuesen und Spaniern lassen darauf schließen, dass sich die spanische Minderheit innerhalb der katholischen Gemeinde keineswegs isoliert oder von der genuesischen Mehrheit abgegrenzt hatte.[313]

Dass die genuesische Gemeinde auch nach der Belagerung von 1727 weiter wuchs, überrascht wenig, wurden die Genuesen doch unter anderem

---

309 Vgl.: FINLAYSON, 1996. S. 3 f.
310 Vgl.: CONSTANTINE, 2009. S. 33.
311 Vgl.: BENADY, T.: Ward family. (2007). S. 30.
312 Vgl.: Anlage 3.
313 Vgl.: HILLS: Rock. S. 290.

von der Möglichkeit, *Mediterranean Passes* für ihre Schiffe zu erhalten, angelockt, wofür es aber nötig war, Einwohner Gibraltars zu sein. Nach 1750 wurden diese sogar direkt vom Gouverneur ausgestellt, was auch für eine steigende Nachfrage spricht, die vor allem auf genuesische Seeleute zurückzuführen war.[314] Wirtschaftlich bildeten die Schiffseigentümer und Kapitäne die Oberschicht der genuesischen Gemeinde. Hinzu kam eine breite Mittelschicht aus Fischern, Handwerkern, Trägern, Dienern und Gärtnern.[315] Am Handel mit der Garnison hatten die Genuesen aber auch weiterhin keinen Anteil, so dass auch die genuesische Oberschicht wirtschaftlich nicht zur protestantischen oder jüdischen Oberschicht aufschließen konnte.[316]

Ähnlich wie die anderen Bevölkerungsgruppen war die genuesische Gemeinde wirtschaftlich hierarchisiert. Erwähnenswert scheint, dass, als im Mai 1750 ein Genuese ein siebenjähriges britisches Mädchen vergewaltigte, die schockierte genuesische Gemeinde 70 Dollar für die Familie des Opfers sammelte. Spricht dies doch für ein gewachsenes Gefühl der Zusammengehörigkeit.[317]

Obwohl gerade die 1740er Jahre in Großbritannien, nicht zuletzt auch wegen des 2. Jakobitenaufstandes (1745–1746), von einem tiefen Misstrauen gegen Katholiken geprägt waren,[318] ist es doch bemerkenswert, dass dies für die Katholiken in Gibraltar kaum Konsequenzen hatte. Lediglich als Genua 1746 im Österreichischen Erbfolgekrieg ein Bündnis mit Spanien und Frankreich einging, überlegte Hargrave, die in Gibraltar lebenden Genuesen zu verbannen, wozu es zunächst aber nicht kam. Erst im Oktober 1748 wurden wohl einige Genuesen verbannt, die meisten blieben davon aber verschont, hatten diese doch meist mit den Gouverneuren kooperiert, so dass das Vertrauen in die genuesische Gemeinde wohl überwogen haben dürfte.[319]

Was die katholische Kirche in Gibraltar anging, so beanspruchten die britischen Gouverneure auch weiterhin das Recht für sich, die Pfarrer selbst

---

314 Vgl.: BENADY, T.: The settee cut. (2001). S. 286.
315 Vgl.: FINLAYSON, (2002). S. 30.
316 Vgl.: BENADY, T.: Genoese. (2001). S. 91.
317 Vgl.: Ebd. S. 92.
318 Vgl.: RUPP, Ernest Gordon: Religion in England. Oxford (Oxford History of the Christian Church) 1986. S. 184 f.
319 Vgl.: BENADY, T.: Genoese. (2001). S. 92.

zu ernennen. Nach dem Tod Pater Rojas 1733 versuchte Sabine diesen Anspruch zu unterstreichen, indem er Dr. Francisco Ignacio Ximinez nach dem Treueeid auf den britischen König in einer Zeremonie die Schlüssel der katholischen Kirche *St. Mary the Crowend* übergab und ihn so offiziell zum Nachfolger Rojas als *priest in charge* machte. Diese feierliche Amtseinführung fand in dem Orangengarten neben der katholischen Kirche statt und wurde während des gesamten 18. Jahrhunderts beibehalten.[320] Ximinez wiederum war sich durchaus bewusst, dass ihm seine Ernennung durch einen Protestanten in den Augen der katholischen Kirche keineswegs als Legitimation für sein Amt ausreichen würde. So ersuchte er ähnlich wie seine Vorgänger beim Bischof von Cadiz um Bestätigung, die er auch erhielt. Der Bischof von Cadiz beanspruchte zwar das Recht, Pfarrer zu ernennen für sich, hatte aber in der Realität kaum Möglichkeiten, diesen Anspruch durchzusetzen. Ihm blieb also kaum etwas anderes übrig, als den vom britischen Gouverneur ernannten Pfarrer zum Generalvikar zu ernennen. In den folgenden Jahren entwickelte sich zwischen beiden aber auch eine rege Korrespondenz, in der Ximinez den Bischof über die Vorgänge und das kirchliche Leben in Gibraltar informierte. Als diese Korrespondenz 1742 abriss, kam beim Bischof von Cadiz der Verdacht auf, Ximinez hätte etwas vor ihm zu verbergen. Ob dies zutraf, lässt sich heute nicht mehr klären. Der Bischof von Cadiz betrieb in der Folge die Absetzung Ximinez, womit dieser allerdings scheiterte, so dass Ximinez bis zu seinem Tod im August 1743 in seinem Amt verblieb.[321]

Zu seinem Nachfolger bestimmte der Gouverneur in Abstimmung mit der *Junta of Elders* den Genuesen Finochino, der allerdings ebenfalls der einzige weitere Priester in Gibraltar war. Genau wie sein Vorgänger wurde Finochino feierlich vom Gouverneur in sein Amt eingeführt und anschließend vom Bischof von Cadiz zum Generalvikar gemacht. Bemerkenswert scheint, dass Finochino 1744 per Petition beim Papst um die Verleihung eines Apostolischen Notariats nachsuchte, worüber er allerdings auch den Bischof von Cadiz informierte. Sicherlich war die Kommunikation zwischen Gibraltar und Cadiz zur Zeit des Österreichischen Erbfolgekriegs nicht unproblematisch, so dass Finochinos Petition in diesem Zusammenhang

---

320 Vgl.: CORUANA, 1989. S. 16.
321 Vgl.: Ebd. S. 17.

zunächst nachvollziehbar erscheint, damit dieser so seinen Pflichten besser nachkommen konnte. In der Tat war die Petition erfolgreich, Finochino aber wollte das Apostolische Notariat nicht annehmen, bevor er entweder vor dem Bischof oder einem Vertreter der Kurie einen Eid ablegen konnte. In den folgenden Jahren mehrten sich Beschwerden, dass Finochino seinen Verpflichtungen nicht nachkam, was dieser zwar mitunter zugab, aber stets mit seinem Mangel an religiösen Vollmachten begründete. Als 1747 zusätzlich das Gerücht aufkam, Finochino würde häufig Prostituierte aufsuchen, wurde die Situation für ihn in Gibraltar unhaltbar.[322]

Sein Nachfolger Foncubierta kam wie die meisten Pfarrer zuvor aus Menorca. Seine Ernennung als *priest in charge*, so die übliche Bezeichnung der britischen Administration für den katholischen Pfarrer, und Generalvikar verlief ähnlich reibungslos wie bei seinem Vorgänger. Die gewachsene katholische Gemeinde veranlasste die *Junta of Elders*, eine Petition an den Bischof von Cadiz zu richten, in der sie darum bat, Foncubierta die nötigen Befugnisse zu erteilen, um mehr als nur eine Sonntagsmesse abhalten zu können. Allerdings sollte ihm nur ein Jahr später ein Streit mit dem Katholiken Andrew Gavino, der persönlich gut mit dem Sekretär Hargraves bekannt war, zum Verhängnis werden. In der Folge wurde Foncubierta gegen den Widerstand der *Junta of Elders* verbannt.[323]

Konsequenz dieser Vorgänge war, dass sein Nachfolger Febrer zwar *priest in charge* war und vom Bischof die Befugnis erhielt Sakramente zu erteilen, Generalvikar blieb zunächst aber der verbannte Foncubierta, so dass die Mitglieder der *Junta of Elders* durchaus noch hofften die Entscheidung rückgängig machen zu können. Aber weder Hargrave noch Bland kamen diesem Ersuchen nach. Febrer selbst wiederum nutzte seine guten Kontakte zu Gavino, seinen Gegnern mit Verbannung zu drohen. Diese offene Art, die gute Beziehung zum britischen Gouverneur zur Schau zu stellen, veranlasste den Bischof von Cadiz, sich direkt an Febrer zu wenden und ihn zur Aufgabe seines Amtes zu bewegen und in das Franziskanerkloster zurückzukehren, aus dem er gekommen war. Im März 1752 verließ er Gi-

---

322 Vgl.: Ebd. S. 18.
323 Vgl.: Ebd. S. 18 f.

braltar. Auf Empfehlung der *Junta of Elders* wurde wenig später Francisco Hinojosa neuer *priest in charge* und Generalvikar Gibraltars.[324]

6.3 Die Juden

Zwar gab es nach der Belagerung von 1727 seitens der britischen Regierung Bestrebungen, alle Juden aus Gibraltar zu verbannen, um so den Restriktionen des Vertrags von Utrecht Rechnung zu tragen und Spanien damit einen möglichen Vorwand für einen erneuten Angriff auf Gibraltar zu nehmen. Allerdings blieb der Landweg nach Spanien auch nach dem Frieden von Sevilla von 1729 weiter versperrt. Für die Versorgung der Garnison mit Lebensmitteln und Baumaterial waren die Gouverneure Gibraltars also auch weiterhin auf den Handel mit Marokko und damit auch auf die jüdische Gemeinde Gibraltars angewiesen. Die Aufforderung aus London, die Restriktionen des Vertrags von Utrecht hinsichtlich der jüdischen Einwohner umzusetzen, wurde daher nicht realisiert.[325] Ebenso wenig wurde Artikel 1 des britisch-marokkanischen Vertrags von 1729 durchgesetzt, der den Aufenthalt marokkanischer Juden in Gibraltar auf maximal 30 Tage begrenzt hätte.[326]

Ganz im Gegenteil wies der Zensus 1753 die Juden als die Bevölkerungsgruppe aus, die den größten Zuwachs zu verzeichnen hatte. Verglichen mit dem Zensus von 1725 hatte sich ihre Zahl sogar vervierfacht. Die offene Zuwanderungspolitik der Vorgänger Blands kann hierbei allerdings nur teilweise als Erklärung dienen. Vielmehr waren die Kämpfe um die Nachfolge Mulai Ismaels, die nach dessen Tod 1727 in Marokko entbrannten und noch bis 1757 dauern sollten,[327] ursächlich für dieses enorme Wachstum. Diese Kämpfe waren nicht nur sehr blutig, es war zudem äußerst schwierig für Juden, sich aus diesen herauszuhalten, da sie den marokkanischen Machthabern nicht selten als Berater, Minister oder Geldgeber dienten und so relativ leicht zwischen die Fronten geraten konnten.[328] Es kann also kaum verwundern, dass viele Juden die Sicherheit Gibraltars suchten, um den blu-

---

324 Vgl.: Ebd. S. 19 f.
325 Vgl.: BENADY, T., 1989. S. 152.
326 Vgl.: Ders.: Settlement, 2004. S. 92.
327 Vgl.: BETTEN, 1998. S. 63.
328 Vgl.: HIRSCHBERG, 1967. S. 164 ff.

tigen und chaotischen Zuständen in Marokko zu entkommen. Nicht selten handelte es sich bei jüdischen Migranten um Jugendliche, die von ihrer Familie bei Freunden und Verwandten in Gibraltar untergebracht wurden.[329] Bemerkenswert scheint zudem, dass in den Jahren zwischen 1728 und 1739 etwa dreimal mehr Juden aus Marokko nach Gibraltar kamen als in den folgenden 13 Jahren.[330] Dabei hatte es auch nach 1739 nicht an auswanderungswilligen marokkanischen Juden gemangelt. Vielmehr war schlicht die Aufnahmefähigkeit der jüdischen Gemeinde erschöpft, so dass vor allem die jüdische Oberschicht darauf drang, die Einwanderung zumindest armer Juden zu begrenzen.[331]

Die Oberschicht der jüdischen Gemeinde bestand dabei aus Händlern, deren Geschäft neben der Versorgung der Garnison mit Lebensmitteln zunehmend auch aus dem Weiterverkauf britischer Waren bestand.[332] Besonders reichen jüdischen Händlern eröffneten sich außerdem als Bankiers der Gouverneure zusätzliche wirtschaftliche Möglichkeiten.[333] Hinzu kamen Ladenbesitzer, Handwerker, Träger und Hausierer.[334] An der Spitze dieser Gemeinde stand ein *Chief Rabbi*, der sowohl als Vermittler zwischen jüdischer Gemeinde und Gouverneur als auch als Richter bei Streitigkeiten innerhalb der jüdischen Gemeinde fungierte.[335] Es kam aber ebenfalls vor, dass reiche jüdische Händler Juden, die von marokkanischen Piraten gefangen genommen wurden, freikauften.[336] Andernfalls hätte diesen wohl ein Leben in der Sklaverei gedroht.

Zwar vergrößerte der wachsende Wohlstand und die Zunahme der Bevölkerung die wirtschaftlichen Möglichkeiten auch für Juden, gerade die jüdische Mittelschicht litt aber auch unter den hohen Mieten und Gebühren.[337] Besserung war erst mit der Ankunft Blands 1749 in Sicht. Sicherlich sollte dieser vor allem die protestantische Bevölkerung fördern, bestätigte

---

329 Vgl.: BENADY, T.: Settlement, 2004. S. 89.
330 Vgl.: Ders., 1989. S. 153.
331 Vgl.: Ders.: Settlement, 2004. S. 95.
332 Vgl.: Ebd. S. 89.
333 Vgl.: Ders., 1989. S. 153 f.
334 Vgl.: Ders.: Settlement, 2004. S. 89.
335 Vgl.: Ders., 1989. S. 153.
336 Vgl.: GNA: Civil Court Degrees Volume 1. 1735–1737. Urteil vom 7.2.1737.
337 Vgl.: BENADY, T., 1989. S. 153.

aber auch jüdische Besitzansprüche, sofern diese legal in den Besitz ihrer Häuser gekommen waren. Außerdem wurden die Mieten ebenfalls für jüdische Hausbesitzer reduziert, wenn auch nicht im gleichen Umfang wie bei den Protestanten.[338]

Darüber hinaus gestattete Bland den Juden die Herstellung des sogenannten *mahya*, einem traditionellen jüdischen Schnaps. Herkömmlicher Wein oder Schnaps wurde in der jüdischen Gemeinde nicht getrunken, der Geschmack des *mahya* war aber wohl derart gewöhnungsbedürftig, dass Bland ziemlich sicher sein konnte, dass außer den Juden niemand diesen Schnaps trinken würde.[339]

Allgemein versuchte Bland, der sich der Bedeutung der Juden für Gibraltar durchaus bewusst war, wann immer möglich mit der jüdischen Gemeinde zu kooperieren. Als sich etwa Mitte 1750 Beschwerden über jüdische Einwohner mehrten, wies Bland zuerst einige führende Juden an, eine Verordnung auszuarbeiten, um Verstößen jüdischer Einwohner vorzubeugen. In der Folge entstand eine Verordnung, die in sieben Artikeln zumindest teilweise der jüdischen Gemeinde Polizeigewalt übertrug, so dass es lohnenswert erscheint, diese einer genaueren Betrachtung zu unterziehen. So wurden Versammlungen auf der Straße „*in a tumultuous manner*" untersagt. Außerdem war der Sabbat zu achten (Artikel 1). Körperliche Auseinandersetzungen (Artikel 2) sowie Störungen der Nachbarschaft (Artikel 3) wurden ebenfalls verboten. Darüber hinaus sollte die Praxis unterbunden werden, dass Juden Lebensmittel auf dem Markt aufkauften, um diese später mit Gewinn weiterzuverkaufen (Artikel 4 und 5). Genauso war die Beherbergung von Fremden verboten, wenn diese sich ohne Erlaubnis des Gouverneurs in Gibraltar aufhielten (Artikel 6). Für die Einhaltung dieser Verordnung sollten einige der *prinicipal jews*, also Mitglieder der jüdischen Oberschicht, Sorge tragen, die von der jüdischen Gemeinde für je sechs Monate gewählt wurden (Artikel 7).[340] Sicherlich überrascht es nicht, dass Ruhestörungen oder körperliche Auseinandersetzungen vom Gouverneur untersagt wurden, bemerkenswert scheint aber, dass die Ver-

---

338 Vgl.: Ders., Settlement, 2004. S. 92.
339 Vgl.: Ebd. S. 94.
340 Vgl.: GNA: Governor's Letter Book 1749–1766. Verordnung vom 23.7.1750.

antwortung für die Einhaltung der Verordnung der jüdischen Gemeinde selbst übertragen wurde.

Darüber hinaus hielt Bland Kontakt zu marokkanischen Juden, um sich über die Entwicklungen in Marokko zu informieren.[341] Zwar hatte die Bedeutung des Handels mit Marokko Mitte des 18. Jahrhunderts abgenommen, zumal nach 1748 der Handel mit spanischen und französischen Häfen erleichtert worden war, dennoch konnte auch weiterhin eine zuverlässige Versorgung Gibraltars nur durch den Handel mit Marokko sichergestellt werden. Außerdem waren Lebensmittel aus Spanien meist teurer als marokkanische.[342] So wurde 1750 auch mit der Hilfe jüdischer Vermittler erneut ein Vertrag mit Marokko[343] geschlossen, der inhaltlich dem Vertrag von 1729 entsprach.[344]

---

341 Vgl.: BENADY, T. Settlement, 2004. S. 94.
342 Vgl.: Anlage 5.
343 Vgl.: Britisch-marokkanischer Vertrag von 1750. Zitiert nach: HOWES, 1982. S. 12.
344 Vgl.: HIRSCHBERG, 1967. S. 163.

7. Gibraltar 1754–1783

Nach dem Österreichischen Erbfolgekrieg (1740–1748) sollte mit dem Siebenjährigen Krieg (1756–1763)[345] erneut ein europäischer Konflikt mit britischer Beteiligung ausbrechen. Zwar blieb Spanien bis 1761 neutral, dennoch war bereits bei Kriegsausbruch Gibraltar gefährdet. So war zumindest ein französischer Angriff keineswegs ausgeschlossen, zumal Menorca im April 1756 von einer französischen Flotte angegriffen und eingenommen wurde, was zur britischen Kriegserklärung führte.[346] Bis zum Ende des Siebenjährigen Kriegs sollte Menorca in französischer Hand bleiben. War Spanien unter Ferdinand VI. noch neutral geblieben, griff es nach dessen Tod unter Karl III. (1759–1788) auf Seiten Frankreichs in den Krieg ein.[347]

Ähnlich wie bei seinem Vater Philip V. sollte auch unter Karl III. die Rückeroberung Gibraltars zu einem der wichtigsten Ziele der spanischen Außenpolitik werden, auch wenn im Siebenjährigen Krieg die spanischen Mittel noch nicht ausreichten, um einen direkten Angriff auf Gibraltar zu wagen,[348] zumal die Garnison bereits 1756 massiv verstärkt wurde.[349]

Die wahrscheinlich beste Möglichkeit für Spanien, Gibraltar zurückzuerobern, ergab sich allerdings nicht durch einen Krieg, sondern in Folge eines Unwetters Anfang Februar 1766.[350] So hatte eine von Starkregen ausgelöste Flutwelle eine breite Bresche in die Verteidigungsanlagen geschlagen. Karl III. lehnte es allerdings ab, Gibraltar ohne Kriegserklärung anzugreifen,[351] so dass ein spanischer Angriff ausblieb. Stattdessen wurden

---

345 Vgl.: SCHUMANN, Matt/SCHWEIZER, Karl: The Seven Years War. A transatlantic history. London 2010. S. 45 ff.
346 Vgl.: JACKSON, 2001. S. 144.
347 Vgl.: STETSON, 1942. S. 161 f.
348 Vgl.: Ebd. S. 172.
349 Vgl.: GNA: Miscellaneons Papers. 1756 Papers. Number of Soldiers Billetted upon Inhabitants in 1756.
350 Vgl.: GNA: Governor's Letter Book 1765–1766 (Irwine). Brief Irwine an Thomas Harrison vom 6.2.1766.
351 Vgl.: ELLICOTT, 1975. S. 29.

die Reparaturarbeiten auch dazu genutzt, Schwachstellen der Verteidigungsanlagen auszubessern.[352]

Außerdem verschlechterte sich das britisch-marokkanische Verhältnis seit Ende der 1750er Jahre zunehmend.[353] War Großbritannien zuvor noch die einzige Nation, die Handel mit Marokko trieb, begann Marokko nun unter Mulai Mohammed (1757–1790) auch wirtschaftliche Beziehungen zu anderen europäischen Mächten aufzubauen. Sogar mit Spanien, mit dem eigentlich seit Jahrzenten ein Konflikt um Ceuta bestand, schloss Marokko 1766 einen Friedensvertrag, in dem auch wirtschaftliche Beziehungen vereinbart wurden.[354] 1772 kam es sogar zur Ausweisung aller Christen aus Marokko, so dass auch der britische Konsul das Land verlassen musste,[355] wodurch der Handel mit Marokko, wenn auch nicht unmöglich, so doch deutlich erschwert wurde.

Mit dem Ausbruch der Amerikanischen Revolution[356] waren sowohl Gibraltar als auch Menorca als britische Mittelmeerbasen, insbesondere nach dem Kriegseintritt Spaniens auf Seiten der amerikanischen Revolutionäre 1779, erneut gefährdet.[357] Es sollte sich zeigen, dass Karl III. dabei vor allem die günstige Gelegenheit nutzen wollte, Gibraltar und Menorca zurückzuerobern, was ihm hinsichtlich letzterem auch gelingen sollte. Zwar sind die Verteidigungsanlagen Gibraltars, wenn auch manchmal durch den Mangel an nötigem Kapital behindert,[358] seit dem Siebenjährigen Krieg etwa durch den Bau der *Kings Bastion* kontinuierlich ausgebaut und verbessert worden, allerdings waren auch die Spanier gut auf einen Angriff vorbereitet. Die folgende Belagerung sollte als die *Great Siege* (1779–1783)[359] in die

---

352 Vgl.: ANTHONY, Ken: William Green: the man who saved Gibraltar. In: Gibraltar Heritage Journal. Nr. 4 (1997). S. 31–42. S. 32 ff.
353 Vgl.: HIRSCHBERG, 1967. S. 170.
354 Vgl.: GNA: Miscellaneons Papers. 1767 Papers. Copia de varios Articulos de Paz concluidos ultimamente entre el Rey n.re S.r y el Emperador de Maruecccos.
355 Vgl.: GNA: Governors Letter Book 1771. Cornwallis an Alcaid Ashir vom 9.8.1772.
356 Vgl.: LERG, Charlotte: Die Amerikanische Revolution. Tübingen 2010. S. 52 ff.
357 Vgl.: STETSON, 1942. S. 188.
358 Vgl.: GNA: Treasury Book 1757–1774. Report to Lord North paymaster 22.12.1766.
359 Vgl.: DRINKWATER, 1905. S. 50 ff.

Geschichte Gibraltars eingehen und die vorherigen Belagerungen sowohl an Umfang als auch hinsichtlich der internationalen Beachtung bei Weitem übertreffen.

Chronologisch lässt sich diese in zwei Phasen gliedern. So versuchten die spanisch-französischen Angreifer zunächst, Gibraltar auszuhungern. Hierfür wurde eine See- und Landblockade errichtet,[360] sollte ein Spanier dennoch Vorräte nach Gibraltar schmuggeln, musste dieser mit der Todesstrafe rechnen.[361] Zusätzlich kaufte Spanien Vorräte in marokkanischen Häfen auf, um zu verhindern, dass Gibraltar von dort doch in irgendeiner Weise Nahrungsmittel hätte beziehen können.[362]

Als jedoch bereits im Frühjahr 1780 klar wurde, dass die spanisch-französische Seeblockade die Versorgung Gibraltars durch britische Konvois nicht zuverlässig unterbinden konnte, begann der Beschuss Gibraltars zunächst von Landseite, später aber auch durch spanische und französische Schiffe.[363] Auf dem Höhepunkt der *Great Siege* standen knapp 8 000 Verteidigern, zu denen neben zwei britischen Regimentern auch zwei Regimenter aus Hannover und ein korsisches Freiwilligenchor zählten, etwa 40 000 spanische und französische Soldaten gegenüber.[364] Obwohl vor allem Karl III. alle ihm zur Verfügung stehenden Ressourcen bei der *Great Siege* investiert hatte,[365] musste die Belagerung im Februar 1783 aufgegeben werden. Den Angreifern war es weder gelungen Gibraltar auszuhungern, noch konnte die Eroberung Gibraltars militärisch erzwungen werden.[366]

Von den Zeitgenossen in Großbritannien wie auch in Europa wurde der *Great Siege* große Beachtung beigemessen. Wenn die amerikanischen Kolonien auch verloren waren, so hatte zumindest Gibraltar einer enormen

---

360 Vgl.: JACKSON, 2001. S. 152.
361 Vgl.: GNA: Miscellaneons Papers. 1779 Papers. Spanische Verordnung vom 28.6.1779.
362 Vgl.: JACKSON, 2001. S. 153.
363 Vgl.: MONTGOMERY, Martin: History of the British Colonies. Possessions in Europe: Gibraltar. Gibraltar 1998. S. 11.
364 Vgl.: DUNCAN, Francis: The Great Siege of Gibraltar. In: DUNCAN, Francis (Hg.): History of the Royal Regiment of Artillery compiled from the original records 1716–1783. London² 2005. S. 271–286. S. 285.
365 Vgl.: SAYER, 1865. S. 420.
366 Vgl.: CHARTRAND, Rene: Gibraltar 1779–1783. The Great Siege. Oxford 2006. S. 84 ff.

Übermacht erfolgreich getrotzt und wurde zu einem Symbol britischer Stärke.[367] Aber auch international wurde der Fortgang der *Great Siege* durchaus genau verfolgt. Dies lag einerseits an militärischen Innovationen, die in Gibraltar erstmals eingesetzt wurden wie etwa der *Red Hot Shot* oder die *floating batteries*.[368] Andererseits schien Großbritannien nach der Niederlage in Nordamerika besonders verwundbar, so dass der durchaus offene Ausgang der Belagerung zusätzlich für Interesse sorgte.[369]

---

367 Vgl.: CONSTANTINE, 2009. S. 13.
368 Vgl.: LAWSON, 1969. S. 78 ff.
369 Vgl.: LERG, Charlotte: Die Amerikanische Revolution. Tübingen 2010. S. 55.

8. Die Zivilbevölkerung 1754–1783

Obgleich die offene Einwanderungspolitik der Gouverneure Gibraltars spätestens nach 1751 beendet war, wuchs die Bevölkerung Gibraltars weiter. So dokumentierten die Zensus von 1767 (2 710)[370] und 1777 (3 201)[371] einen weiteren Zuwachs der Zivilbevölkerung. Bis 1777 hatte sich die Zivilbevölkerung nahezu verdoppelt. Der Zensus von 1777 offenbarte aber auch, dass dieses Wachstum vor allem auf *Natives*, also auf in Gibraltar geborene Personen, zurückzuführen war. Von 3201 Einwohnern waren 1661 *Natives*.[372] Diese galten zwar als britische Untertanen und durften somit auch ohne Genehmigung des Gouverneurs siedeln, dennoch konnten sie genau wie alle anderen Bevölkerungsgruppen durch den Gouverneur verbannt werden.[373] Das Ziel der britischen Regierung einer mehrheitlich protestantischen Zivilbevölkerung konnte also auch weiterhin nicht erreicht werden. Allerdings war Gibraltar nun auch weniger auf Migration angewiesen, so dass die Gouverneure damit ihre selektive Einwanderungspolitik beibehalten konnten, um nur noch möglichst qualifizierte Migranten nach Gibraltar zu lassen.[374] So finden sich ab Anfang der 1750er Jahre immer neue Verordnungen, die die Beherbergung von Personen, die sich ohne Erlaubnis des Gouverneurs in Gibraltar aufhielten, untersagten.[375] Zudem wurde 1755 mit Andrew Gavino ein Zivilist damit beauftragt, eine Liste über jeden, der nach Gibraltar einreiste, anzufertigen. Nach Verlassen Gibraltars wurde der entsprechende Name wieder gestrichen.[376] Allerdings kann heute nicht mehr geklärt werden, ob und wie lange über 1755 hinaus derartige Einreisekontrollen stattfanden.

---

370 Vgl.: Anlage 3.
371 Vgl.: Anlage 3.
372 Vgl.: Anlage 3.
373 Vgl.: CONSTANTINE, 2009. S. 25.
374 Vgl.: Ebd. S. 24.
375 Vgl.: GNA: Governors Letter Book 1749–1766. Verordnung vom 18.3.1751.
Vgl.: GNA: Placarts & Warrents 1765–1777 & 1794–1799. Verordnung vom 17.1.1767.
376 Vgl.: GNA: Governor's Letter Book 1749–1766. Eintrag vom 8.12.1755.

Dass der Zensus von 1777 überhaupt *Natives* in großer Zahl auswies, hing natürlich auch damit zusammen, dass es seit der Belagerung von 1727 zu keinem weiteren Angriff auf Gibraltar gekommen war, der die Entwicklung der Zivilbevölkerung hätte negativ beeinflussen können. Eine weitere Voraussetzung hierfür dürfte allerdings auch in der positiven wirtschaftlichen Entwicklung Gibraltars zu sehen sein, die bereits 1748 einsetzte und erst mit Beginn der *Great Siege* endete. Wirtschaftliche Kontakte lassen sich mit zahlreichen europäischen Mächten nachweisen.[377] Auch wenn der Handel mit der Garnison der wichtigste wirtschaftliche Faktor blieb, nahm der Handel selbst mit entfernteren europäischen Mächten wie Dänemark[378] oder Russland[379] nun zu.

Der Zensus von 1777 gab aber ebenfalls, mit Ausnahme der Juden, die meist keine entsprechenden Angaben gemacht hatten, Auskunft über die Berufe der Zivilbevölkerung.[380] Auffällig scheint dabei vor allem die große Anzahl an Dienern (108) und Gärtnern (73), die bei den wohlhabenderen Einwohnern Anstellung fanden und somit auch indirekt vom wachsenden Wohlstand der Ober- und Mittelschicht profitierten. Neben einer dünnen Oberschicht wies der Zensus von 1777 eine breite Mittelschicht von Handwerkern und Ladenbesitzern aus,[381] so dass sich der wirtschaftliche Aufschwung wohl auch für weite Teile der Zivilbevölkerung positiv bemerkbar machte. Aber auch Soldaten besserten ihren Sold auf, indem sie für wohlhabendere Zivilisten arbeiteten. Hierfür wurde allerdings auch eine Genehmigung des Gouverneurs benötigt.[382]

Während des Siebenjährigen Krieges und des Amerikanischen Unabhängigkeitskrieges, zumindest bis zum Beginn der *Great Siege,* bestand für Einwohner Gibraltars zusätzlich die Möglichkeit, als *privateer* Schiffe feindlicher Nationen zu kapern[383] und gewinnbringend, nach Begutachtung und Freigabe durch den *Vice Admirality Court,* zu verkaufen. Zwar kosteten entsprechende Kaperbriefe je nach Besatzungsstärke des Schiffes

---

377 Vgl.: HOWES, 1982. S. 23.
378 Vgl.: CONSTANTINE, 2009. S. 42.
379 Vgl.: GNA: Civil Secretary's Register No. 3. Eintrag vom 12.6.1776.
380 Vgl.: GNA: Zensus 1777.
381 Vgl.: Anlage 4.
382 Vgl.: GNA: Miscellaneons Papers. 1770 Papers. Verordnung vom 9.8.1770.
383 Vgl.: Anlage 7.

zwischen 1 500 und 3 000 £,³⁸⁴ die Einwohner, die über ein Schiff verfügten und dieses entsprechend ausrüsten konnten, konnten es aber in der Folge zu einem beachtlichen Vermögen bringen.³⁸⁵ Wegen der hohen Kosten für Ausrüstung und Kaperbrief kam es nicht selten zu Kooperationen zwischen Schiffsbesitzern und wohlhabenden Händlern.³⁸⁶

Die limitierten räumlichen Möglichkeiten der Garnison machten es zudem nötig, Soldaten in Kriegszeiten auch bei der Zivilbevölkerung unterzubringen. So wurden 1756 3 397³⁸⁷ sowie 1776 1 260 Soldaten und Offiziere bei der Zivilbevölkerung einquartiert. Zwar hatte die Zivilbevölkerung keine Möglichkeit, diesen Unterbringungen zu widersprechen, betroffene Einwohner wurden aber zumindest finanziell entschädigt, so dass diese der Beherbergung von Soldaten nicht unbedingt immer ablehnend gegenüber gestanden haben dürften. Die Höhe der entsprechenden Entschädigungen wurde dabei zumindest 1776 zwischen dem *Town Major* und je zwei Repräsentanten der jüdischen, katholischen und protestantischen Gemeinde ausgehandelt.³⁸⁸ Wohl auch in diesem Zusammenhang war die etwa einen Monat zuvor erlassene Verordnung, den Häusern in Gibraltar Hausnummern zuzuordnen, zu sehen.³⁸⁹ Außerdem wurden vor allem Juden und Genuesen in Kriegszeiten für Reparaturen an den Verteidigungsanlagen herangezogen.³⁹⁰

Um etwa die Kosten für die Müllentsorgung, die zur Hälfte von der Zivilbevölkerung getragen werden mussten, 1771 neu festlegen zu können, ernannte Gouverneur Edward Cornwallis (1762–1776)³⁹¹ je ein Mitglied

---

384 Vgl.: GNA: Miscellaneons Papers. 1778 Papers. Order to Merchant Ships or Vessels who shall have Letters of Marque. Artikel 15.
385 Vgl.: BENADY, T.: Ward family, (2007). S. 30.
386 Vgl.: GNA: Diary 1777 & 1778–1782. Diary 1778–1782. Eintrag vom 31.12.1778.
387 Vgl.: GNA: Miscellaneons Papers. 1756 Papers. Number of Soldiers Billetted upon Inhabitants in 1756.
388 Vgl.: GNA: Civil Secretary's Register No. 3. Eintrag vom 15.5.1778.
389 Vgl.: GNA: Civil Secretary's Register No. 3. Eintrag vom 15.4.1778.
390 Vgl.: KENYON, E. R.: Gibraltar under Moor, Spaniard and Briton. London² 1933. S. 53.
     Vgl.: GNA: Diary 1777 & 1778–1782. Diary 1778–1782. Eintrag vom 4.7.1779.
391 Vgl.: Anlage 2.

der jüdischen, katholischen und protestantischen Gemeinde dazu, eine Liste der Hausbesitzer anzufertigen.[392] Andere Verordnungen betrafen die öffentliche Sicherheit.[393] Als etwa 1774 vermehrt Einbrüche registriert wurden, mussten Zivilisten, die sich nach Einbruch der Dunkelheit auf der Straße befanden, Laternen mitführen.[394]

Auch bei der Strafverfolgung setzten die britischen Gouverneure, etwa durch finanzielle Belohnungen für Hinweise auf Straftaten, auf die Kooperation der Zivilbevölkerung.[395] Eine 1760 geplante Verschwörung einiger weniger Zivilisten und irischer Soldaten, mit dem Ziel eine spanische Eroberung Gibraltars zu ermöglichen, scheiterte nicht zuletzt auf Grund von Hinweisen aus der Zivilbevölkerung.[396]

Auch wenn sich die Einreise nach Gibraltar nicht immer als unproblematisch erwies,[397] gewährten Reiseberichte aus den 1770er Jahren Einblick in das zivile Leben Gibraltars. So fand vor allem die religiöse Toleranz[398] und öffentliche Sicherheit[399] Erwähnung. Gerade für letzteres war Gibraltar auch über die Grenzen Andalusiens hinaus in Spanien bekannt.[400] Das Verhältnis der einzelnen Bevölkerungsgruppen wurde als allgemein höflich beschrieben.[401] Außerdem pflegte Gouverneur George Augustus Elliott (1776–1786)[402] regelmäßigen Kontakt zu den führenden Mitgliedern der jüdischen, katholischen und protestantischen Gemeinden, denen eine ähnliche

---

392 Vgl.: GNA: Miscellaneons Papers. 1771 Papers. Verordnung vom 11.6.1771.
393 Vgl.: GNA: Civil Secretary's Register No. 3. Proclamation to destroy mad dogs 4.11.1774.
394 Vgl.: GNA: Civil Secretary's Register No. 3. Proclamation for carrying lights in the Night time 17.1.1774.
395 Vgl.: GNA: Civil Secretary's Register No. 3. Joseph Cantone proscribed 28.2.1777.
396 Vgl.: HILLS, 1974. S. 292.
397 Vgl.: BENADY, T. (Hg): Richard Twiss. (1997). S. 63.
398 Vgl.: ANONYM: Nachricht eines Reisenden. In: Hannoverisches Magazin. 31. Stück (18.4.1777). S. 487.
399 Vgl.: Ebd. S. 488.
400 Vgl.: AYALA, 1782. S. 373.
401 Vgl.: ANONYM: Nachricht eines Reisenden. In: Hannoverisches Magazin. 31. Stück (18.4.1777). S. 485.
402 Vgl.: Anlage 2.

gesellschaftliche Stellung zukam wie Offizieren.[403] Auch wenn die Häuser der Zivilbevölkerung als eher spartanisch eingerichtet beschrieben wurden, erschien Besuchern Gibraltar, verglichen mit den spanischen Nachbarstädten San Roque und Algeciras, gepflegt und gut verwaltet.[404] So existierte etwa eine Druckerei, die im Wesentlichen mit dem Druck von Verordnungen und Mitteilungen der britischen Administration betraut war.[405] Negativ wurde allerdings auch erwähnt, dass sich in den heißen Sommermonaten Krankheiten unter der Zivilbevölkerung häuften. Im Krankheitsfall stand zwar kein Arzt zur Verfügung, zumindest „Arzneien" waren aber durchaus erhältlich.[406]

Als sich spätestens im Frühjahr 1779 die Anzeichen für einen spanischen Angriff auf Gibraltar mehrten,[407] wies Elliott die Zivilbevölkerung an, Vorräte für mindestens sechs Monate anzulegen. Einwohner, die sich einen solchen Vorrat nicht leisten konnten, sollten Gibraltar nach Möglichkeit verlassen.[408] Auch wenn diese Verordnung nicht konsequent durchgesetzt werden konnte, versuchte Elliott spätestens nach Beginn der *Great Siege*, so viele Zivilisten wie möglich zu evakuieren. Gerade Frauen und Kinder, die nur wenig zur Verteidigung der Festung beitragen konnten, andererseits aber Vorräte verbrauchten, sollten evakuiert werden.[409] Männliche Einwohner über zwölf Jahren hingegen wurden registriert und sollten gegebenenfalls bei der Verteidigung Gibraltars helfen.[410] Zudem gelang es einigen jüdischen Einwohnern, während der *Great Siege* die spanisch-französische Seeblockade zu durchbrechen, um Vorräte aus Marokko zu beschaffen[411].

---

403 Vgl.: ANONYM: Nachricht eines Reisenden. In: Hannoverisches Magazin. 31. Stück (18.4.1777). S. 492.
404 Vgl: HEISE, J. C .F.: Beschreibung von Gibraltar und Menorca. In: Hannoverisches Magazin. 69. Stück (26.8.1776). S. 1096.
405 Vgl.: ANONYM: Nachricht eines Reisenden. In: Hannoverisches Magazin. 31. Stück (18.4.1777). S. 493.
406 Vgl.: Ebd. S. 493 f.
407 Vgl.: GNA: Miscellaneons Papers. 1779 Papers. Korrespondenz John Marsh an Elliott vom 29.4.1779.
408 Vgl.: RUSSEL, 1965. S. 61.
409 Vgl.: GNA: Miscellaneons Papers. 1781 Papers. Order to Masters of Transport 19.4.1781.
410 Vgl.: GNA: Civil Secretary's Register No. 3. Eintrag vom 9.4.1778.
411 Vgl.: BENADY, T., 1989. S. 156.

Auch wenn während der *Great Siege* in Gibraltar Krankheiten deutlich mehr Todesopfer forderten als die Kampfhandlungen selbst,[412] verursachte der erste spanische Beschuss Gibraltars Panik unter den Einwohnern Gibraltars, die sich daraufhin zu geschützteren Stellen des *Rock* zurückzogen und dort provisorische Unterkünfte errichteten. Ohne Zweifel war die Belagerung Gibraltars für weite Teile der Zivilbevölkerung, die noch keine Belagerung erlebt hatten, traumatisch.[413] Der mitunter massive Beschuss der spanisch-französischen Angreifer hatte bis zum Ende der *Great Siege* den größten Teil der Stadt zerstört. Das loyale Verhalten der Zivilbevölkerung während der *Great Siege* hatte allerdings ebenfalls das Vertrauen der britischen Administration in die katholisch-jüdisch dominierte Bevölkerung Gibraltars gestärkt.[414] Allerdings wurde auch innerhalb der Zivilbevölkerung das Zusammengehörigkeitsgefühl gestärkt, auch wenn sich noch keine gemeinsame Identitätsfindung als *Gibraltarians* nachweisen lässt.[415]

Anders als etwa nach der Belagerung von 1727 kamen viele evakuierte Einwohner bereits kurz nach dem Ende der *Great Siege* zurück nach Gibraltar. So kehrten bereits Anfang Juli 1783 die ersten evakuierten Einwohner in das weitgehend zerstörte Gibraltar zurück.[416]

8.1 Die Protestanten

Zwar verließen die meisten Briten Gibraltar wieder, sobald sie genügend Geld verdient hatten, dennoch kam der protestantisch-britischen Minderheit großer Einfluss zu. So blieben auch während der zweiten Hälfte des 18. Jahrhunderts die wichtigsten Ämter sowie der Handel mit Tabak und Alkohol in Gibraltar, soweit diese der Zivilbevölkerung zugänglich waren, britischen Protestanten vorbehalten. Dies hing schlicht damit zusammen, dass die Gouverneure den fast ausschließlich britischen Protestanten mehr

---

412 Vgl.: DRINKWATER, 1905. S. 375.
413 Vgl.: Mrs. GREEN: A Lady's Experience in the Great Siege of Gibraltar. In: Royal Engineers Journal. Juli 1912. Eintrag vom 12.9.1779. S. 7–108. S. 10.
414 Vgl.: ODA-ANGEL, 2000. S. 12.
415 Vgl.: FINLAYSON, 2002. S. 26.
416 Vgl.: GNA: Diary No. 4. June 1782-June 1786. Einträge vom 1.7.1783 und 2.7.1783.

Vertrauen entgegenbrachten als katholischen und jüdischen Einwohnern,[417] auch wenn die Sympathien gerade letzterer klar bei den Briten lagen.[418]

Es überrascht nicht, dass die Protestanten auch nach 1753 nur eine Minderheit bildeten. So wies der Zensus von 1767 lediglich 467 Protestanten aus.[419] Der Zensus von 1777 dokumentierte nur 506 Protestanten. Von diesen waren zwar 220 *Natives*,[420] am Wachstum der Zivilbevölkerung hatte der protestantisch-britische Teil der Bevölkerung dennoch nur in sehr begrenztem Umfang Anteil. Verglichen mit dem Zensus von 1753 hatte der Anteil der Protestanten an der Zivilbevölkerung sogar deutlich abgenommen.

Ebenso wenig konnte das spätestens mit den *Bland's Regulations* formulierte Ziel, einen großen Teil der Häuser in den Besitz von Protestanten zu bringen, erreicht werden. So befanden sich von 429 Häusern in Gibraltar lediglich 178 in protestantischem Besitz.[421]

Als die protestantische *Kings Chappel* 1764 renoviert werden musste, wurden die anfallenden Kosten vom britischen Gouverneur übernommen.[422] Zwar mussten Katholiken und Juden für den Unterhalt ihrer Gotteshäuser selbst aufkommen, die protestantische Kirche wurde im Gegensatz zu diesen allerdings auch von britischen Soldaten genutzt. Insofern entsprach die Renovierung der *Kings Chappel* auch einem militärischen Bedürfnis.

8.2 Die Katholiken

Obgleich spätestens nach den *Blands Regulations* die Zuwanderung von Protestanten gefördert werden sollte, hatten doch gerade die Katholiken wesentlichen Anteil am Wachstum der Zivilbevölkerung in der zweiten Hälfte des 18. Jahrhunderts. Der Zensus von 1767 wies insgesamt 1460 Katholiken aus,[423] so dass der Anteil der Katholiken an der Zivilbevölke-

---

417 Vgl.: BENADY, T.: Contraband, 2007. S. 70.
418 Vgl.: SERFATY, 2004. S. 11.
419 Vgl.: Anlage 3.
420 Vgl.: Anlage 3.
421 Vgl.: GNA: Civil Secretary's Register No. 3. Eintrag vom 15.5.1778.
422 Vgl.: GNA: Miscellaneons Papers. 1764 Papers. Brief Mr. Watily an Gouverneur Cornwallis vom 22.3.1764.
423 Vgl.: Anlage 3.

rung etwa 54 % ausmachte. Im Zensus von 1777 wurden 1832 Katholiken registriert, womit der Anteil der Katholiken sogar noch weiter auf etwa 57 % angewachsen war.[424]

Das Wachstum der katholischen Gemeinde brachte natürlich auch Probleme mit sich: Als etwa 1776 immer mehr Angehörige ihre Toten lieber in der Kirche als in einem katholischen Friedhof beerdigen lassen wollten, erhielt Cornwallis Hinweise seitens der *Junta of Elders*, dass es hinsichtlich der Friedhöfe zu Unregelmäßigkeiten kommen würde. Die folgende Untersuchung deckte auf, dass die katholischen Friedhöfe inzwischen viel zu klein waren und deshalb nicht selten Tote in noch belegte Gräber beigesetzt werden mussten. Der vorher dort beigesetzte Leichnam wurde anschließend zur so genannten *Casa del Carnero* gebracht, um dann an der freien Luft endgültig zu verwesen. Es verwundert nicht, dass Cornwallis schon allein aufgrund der damit verbundenen Seuchengefahr versuchte, dieser Situation schnellstmöglich Abhilfe zu schaffen. Zukünftig sollten Gräber mindestens fünf Fuß tief sein und Brandkalk auf den Leichen verteilt werden, um den Verwesungsprozess zu beschleunigen. Die Gräber durften dann mindestens vier Jahre nicht mehr geöffnet werden.[425] Dem Anliegen großer Teile der katholischen Gemeinde, Begräbnisse in der katholischen Kirche in größerem Umfang zu gestatten, stand die *Junta of Elders* auch weiterhin ablehnend gegenüber. Um deren Einfluss beim Gouverneur zu untergraben, wurden in der Folge verschiedene Vorwürfe gegen die *Junta of Elders* erhoben, die sich allerdings allesamt als gegenstandslos erwiesen.[426]

Auch weiterhin befand sich der *priest in charge* im Spannungsverhältnis zwischen den britischen Gouverneuren und dem Bischof von Cadiz, die beide das Recht, diesen in sein Amt einzuführen, für sich beanspruchten. In der Realität blieb dem Bischof von Cadiz häufig allerdings nichts anderes übrig, als den Kandidaten des britischen Gouverneurs in seinem Amt zu bestätigen und diesen zum Generalvikar zu machen. Dafür erwartete dieser, vom *priest in charge* über die Vorgänge in Gibraltar informiert zu werden und gegebenenfalls mit seinen Gesandten zu kooperieren. Insofern war es nicht immer einfach für diesen, hierbei nicht zwischen die Fronten

---

424 Vgl.: Anlage 3.
425 Vgl.: CORUANA, 1989. S. 26.
426 Vgl.: Ebd. S. 28.

zu geraten. Als etwa 1765 bei Hinojosa der spanische Priester Colodoro mit einer Nachricht für den Gouverneur von Ceuta erschien, unterrichtete dieser den britischen Gouverneur, der wiederum den spanischen Geistlichen wegen des Verdachts auf Tabakschmuggel durchsuchen lies. In der Tat schmuggelte dieser Tabak, hauptsächlich ging es aber dem britischen Gouverneur hierbei um eine Gelegenheit, die mitgeführte Nachricht zu lesen. Zwar musste Colodoro eine Erklärung unterzeichnen, in Gibraltar nicht misshandelt worden zu sein, spanische Proteste konnte dies natürlich nicht verhindern. Da Hinojosa den britischen Gouverneur von der Nachricht an den Gouverneur von Ceuta unterrichtet hatte, erging gegen ihn in Spanien ein Haftbefehl.[427]

Drei Jahre später wurde der Vikar Ribera vom Bischof von Cadiz nach Gibraltar geschickt, um die Arbeiten an der katholischen Kirche zu inspizieren.[428] Cornwallis gewährte ihm zwar als Besucher Zutritt zu Gibraltar, stellte aber auch klar, dass Gesandte des Bischofs von Cadiz in Gibraltar keine rechtliche Zuständigkeit besaßen. Als nach der Abreise Riberas durch Hinweise seitens der *Junta of Elders* bekannt wurde, dass dieser alle Taufregister seit 1704 gestohlen hatte, flüchtete Hinojosa nach Spanien, der den Diebstahl immerhin zugelassen hatte. Zum Verhängnis sollte ihm nun aber der 1756 ergangene Haftbefehl werden. Da Hinojosa auch in Gibraltar gesucht wurde, konnte er nicht auf eine britische Intervention hoffen.[429]

Zum Nachfolger ernannte Cornwallis auf Vorschlag der *Junta of Elders* Raphael Messa, der zuvor bereits Vikar Hinojosas war. Da dieser aber bereits 1771 verstarb, ergab sich aber erneut die Notwendigkeit einen *priest in charge* zu ernennen.[430]

Als mögliche Nachfolger standen die Priester Pedro Reymundo und Francisco Messa, ein Bruder des Verstorbenen, zur Verfügung. Als sich abzeichnete, dass sowohl Cornwallis als auch die *Junta of Elders* eher zu Messa tendierten, wandte sich Reymundo an den Bischof von Cadiz. Dieser versuchte daraufhin, die Wahl Messas zu verhindern und schaffte es sogar, dass sich die britische und spanische Diplomatie mit der Frage der

---

427 Vgl.: Ebd. S. 21.
428 Vgl.: Ebd. S. 22.
429 Vgl.: Ebd. S. 22 f.
430 Vgl.: Ebd. S. 23.

entsprechenden Zuständigkeit beschäftigten. Es ist bemerkenswert, dass sich die britische Diplomatie zu einem Kompromiss bereitfand, bei dem der Gouverneur aus einer vom Bischof von Cadiz erstellten Liste von zehn möglichen Kandidaten einen auswählen sollte. Bevor dieser Kompromiss umgesetzt werden konnte, ernannte Cornwallis 1773 kurzerhand Messa zum neuen *priest in charge* in Gibraltar und schuf somit vollendete Tatsachen.[431] Gegenüber dem britischen Botschafter in Madrid rechtfertigte Cornwallis diesen Schritt damit, dass eine Einflussnahme des Bischofs von Cadiz keinesfalls im britischen Interesse lag. Außerdem hätte sich die katholische Gemeinde in Gibraltar während seiner Amtszeit nie über irgendwelche Einschränkungen hinsichtlich der Ausübung ihres Glaubens beklagt.[432]

Es verwundert nicht, dass der unzufriedene Reymundo, der nun nur Vikar war, nur wenig später in Konflikt mit Messa geriet, bei dem es im Wesentlichen um die Bezahlung der Vikare ging. Als der Gouverneur davon erfuhr, beauftragte er die *Junta of Elders* mit der Lösung des Konflikts, was sich allerdings als äußerst schwierig erwies. Letztendlich wurde nach langen Verhandlungen die Bezahlung der Vikare erhöht. Aber auch die Zusammensetzung der *Junta of Elders* wurde verändert. So setzte sich diese fortan aus drei *senior Brothers,* drei *Collectors* sowie drei *Treasurers* zusammen. Ausgaben, die vier Dollar überstiegen, brauchten fortan die Zustimmung des *priest in charge* und der drei *senior Brothers*. Insofern kam der *Junta of Elders* eine gewisse Kontrolle über die Finanzen der katholischen Gemeinde zu.[433]

Lieutenant Governor Robert Boyd hatte eigentlich 1773 Anweisung erhalten, Messa aus Gibraltar zu verbannen, falls die Beschwerden über diesen nicht aufhören würden. Als dieser sich aber in Menorca über Messa erkundigte, bekam er eine durchweg positive Beurteilung des Geistlichen. Vielmehr war wahrscheinlich der Bischof von Cadiz Ursprung der Vorwürfe, da sich dieser durch die Ernennung Messas zum *priest in charge* übergangen sah. Insofern verwundert es nicht, dass Boyd nicht daran dachte, Messa, zu Gunsten des vom Bischof bevorzugten Reymundos, seines Amtes

---

431 Vgl.: Ebd. S. 23 f.
432 Vgl.: GNA: Governor's Letter Book 1771. Cornwallis to Lord Grantham 15.3.1773.
433 Vgl.: CORUNA, 1989. S. 24.

zu entheben. Ganz im Gegenteil erreichte Boyd bei der britischen Regierung ein jährliches Gehalt von 100 Dublonen für Messa, der persönlich in finanziellen Schwierigkeiten steckte. Außerdem erhielt er aus den Vorräten der Garnison täglich Verpflegung für zwei Personen. Sicherlich wollte Boyd den katholischen Pfarrer damit nicht nur stützen, sondern diesen auch enger an die britische Administration binden, womit er auch Erfolg hatte.[434] Als sich etwa 1774 ein Gesandter der Spanischen Inquisition bei Messa ankündigte, um diesem Anweisungen zu überbringen, informierte der katholische Pfarrer sogleich Boyd. Dieser stellte klar, dass er in Gibraltar keine Einflussnahme der Spanischen Inquisition dulden würde und entsprechende Gesandte als Spione angesehen würden. Das Treffen kam nicht zu Stande.[435]

Als sich mit Ausbruch der Amerikanischen Revolution 1775 abzeichnete, dass Gibraltar erneut ein spanisch-französischer Angriff drohen würde, wies Boyd Messa an, beim Papst um die Erteilung eines Apostolischen Protonotariats nachzusuchen, zumal im Falle einer erneuten Belagerung Gibraltars auch die Verbindung zum Bischof von Cadiz unterbrochen gewesen wäre. Durch Erteilung des Apostolischen Protonotariats wäre Messa weitgehend unabhängig vom Bischof in Cadiz geworden. Die Petition blieb allerdings lange Zeit unbeantwortet, so dass Messa zeitlebens Generalvikar blieb.[436]

Als es 1779 dann wirklich zu einer Belagerung Gibraltars kam, waren natürlich auch die Kommunikationswege nach Cadiz verschlossen. Außerdem wurde noch im August 1779 der größte Teil der katholischen Kirche als militärischer Lagerraum genutzt, so dass für den Gottesdienst nur noch ein kleiner Teil der Kirche genutzt werden konnte.[437] Da auch die katholische Kirche vom Kanonenfeuer der spanisch-französischen Angreifer nicht verschont geblieben war, musste Messa diese endgültig aufgeben. Mit sich nahm der katholische Pfarrer, der zu einem Mitglied der katholischen Gemeinde geflohen war, nur solche Gegenstände, die für die Ausübung seiner Pflichten unverzichtbar waren, wie etwa Hostien oder Salböl.[438] Aus Mes-

---

434   Vgl.: Ebd. S. 25.
435   Vgl.: Ebd. S. 26.
436   Vgl.: Ebd. S. 28.
437   Vgl.: MESSA, Francisco: A Diary of the Events of the Great Siege 1779–81. Zitiert nach: CARUANA, 1989. S. 145.
438   Vgl.: CARUANA, 1989. S. 149.

sas Aufzeichnungen geht aber auch hervor, dass der innere Zusammenhalt der Zivilbevölkerung während der *Great Siege* durchaus gewachsen war, wurden doch Protestanten, Juden und Katholiken gleichermaßen durch den mitunter heftigen Beschuss Gibraltars traumatisiert. Wer konnte, verließ Gibraltar.[439]

8.3 Die Juden

Verglichen mit dem Zensus von 1753 ging der Anteil der jüdischen Gemeinde an der Zivilbevölkerung zwar zurück, dennoch dokumentierte sowohl der Zensus von 1767 (783) als auch der Zensus von 1777 (863), dass die jüdische Gemeinde zumindest in Zahlen gewachsen war. Von den 863 im Zensus von 1777 erfassten Juden waren 564 *Natives*. Das Wachstum der jüdischen Gemeinde ließ sich also klar auf Geburten zurückführen. Dass nicht mehr jüdische Migranten nach Gibraltar kamen, hing neben der selektiven Einwanderungspolitik der britischen Gouverneure auch damit zusammen, dass die *principal jews* selbst nur wenig Interesse an einer größeren Zuwanderung armer Juden hatten, die sie hätten versorgen müssen und für deren Verhalten sie auch verantwortlich gewesen wären.[440] Juden, die sich ohne Erlaubnis in Gibraltar aufhielten, sollten vom *Jew Searjent* nach Marokko zurückgebracht werden.[441] Außerdem beteiligte sich der *Jew Searjent* an der Verfolgung von Straftaten, auch wenn etwa die Beschuldigten keine Juden waren.[442] In dieser Hinsicht gingen dessen Kompetenzen also über die Kompetenzen, die den *principal jews* von Bland übertragen worden waren, sich aber ausschließlich auf Straftaten innerhalb der jüdischen Gemeinde bezogen, hinaus. Leider lässt sich heute nicht mehr klären, ab wann ein solches Amt in Gibraltar existierte. Möglicherweise lässt sich der *Jew Searjent* auf eine Verordnung aus dem Jahr 1755 zurückführen, nach der ein Mitglied der jüdischen Gemeinde unter anderem damit beauftragt wurde,

---

439 Vgl.: Ebd. S. 151.
440 Vgl.: GNA: Governor's Letter Book 1749–1766. Verordnung vom 23.7.1750.
441 Vgl.: GNA: Diary 1777 & 1778–1782. Diary 1777. Eintrag vom 9.7.1777.
   Vgl.: GNA: Civil Secretary's Register No. 3. Eintrag vom 1.8.1778.
   Vgl.: GNA: Diary No. 4 June 1782-June 1784. Eintrag vom 3.3.1784.
442 Vgl.: GNA: Civil Secretary's Register No. 3. Depositions concerning a Burglary 25.4.1774.

genaue Aufzeichnungen über alle Juden, die nach Gibraltar ein- oder wieder ausreisten, zu führen.[443] Genau darin bestand wohl auch die Hauptaufgabe des *Jew Searjent*. Beweisen lässt sich ein solcher Zusammenhang allerdings nicht. Störte ein Jude nachhaltig die öffentliche Ordnung, konnte dieser zudem von einem der *princial jews* aus Gibraltar verbannt werden.[444]

Zwar wurde der jüdischen Gemeinde in Gibraltar ein bemerkenswertes Maß an Selbstverwaltung gewährt, dies sollte allerdings nicht darüber hinwegtäuschen, dass Juden auch weiterhin höhere Abgaben und Mieten zahlen mussten als etwa Protestanten und Katholiken. Als etwa die Wasserversorgung Gibraltars, die im Wesentlichen auf dem Sammeln von Regenwasser und einem alten spanischen Aquädukt basierte,[445] aufgrund der gewachsenen Bevölkerung an ihre Grenzen stieß, waren die Juden die ersten, die für die Nutzung der Brunnen bezahlen mussten. Gerade in den heißen Sommermonaten konnte Wasser in Gibraltar knapp werden, so dass Juden ab August und die restliche Zivilbevölkerung ab September entsprechende Zahlungen leisteten.[446]

Mit der positiven wirtschaftlichen Entwicklung Gibraltars nahm auch der Wohlstand der jüdischen Gemeinde zu, zumal nicht wenige Händler Gibraltars Juden waren. Als etwa der große Sturm von 1766 auch die Synagoge zerstörte, wurde diese nicht nur von der jüdischen Gemeinde wiederaufgebaut, sondern ebenfalls erweitert und aufwendiger ausgestattet.[447] Genauso nahm der Besitz der jüdischen Gemeinde zu. Machten die Juden 1756 noch 33 % der Zivilbevölkerung aus und verfügten über 20 % des Besitzes, hatte sich ihr Anteil an der Zivilbevölkerung 1777 auf 27 % verringert, der Anteil am Besitz aber auf 25 % gesteigert. So verwundert es nicht, dass der größte Grundbesitzer im Zensus von 1777 ein Mitglied der jüdischen Gemeinde war.[448]

---

443 Vgl.: GNA: History of the Permit System. Gen¹ Fowkes Order 8.3.1755.
444 Vgl.: GNA: Civil Secretary's Register No. 3. Eintrag vom 7.7.1774.
445 Vgl.: FINLAYSON, Tomas: The History of Gibraltar's Water Supply. In: Gibraltar Heritage Journal. Nr. 2 (1994). S. 60–72. S. 61 f.
446 Vgl.: ANONYM: Nachricht eines Reisenden. In: Hannoverisches Magazin. 31. Stück (18.4.1777). S. 488.
447 Vgl.: BENADY, T., 1989. S. 155.
448 Vgl.: Ders.: Settlement, 2004. S. 99.

Als sich Ende der 1750er Jahre die britisch-marokkanischen Beziehungen zunehmend abkühlten, setzte Gouverneur Home (1757–1762)[449] verstärkt auf jüdische Vermittler,[450] die nicht unwesentlich am erneuten Abschluss eines britisch-marokkanischen Vertrags 1760[451] beteiligt waren. Dabei war die Situation für britische Gesandte nicht ungefährlich. Als etwa 1758 bei einem Zwischenfall vor der Küste Marokkos ein Schiff der *Royal Navy* ein Schiff des marokkanischen Sultans versenkte, versicherten die Briten zwar diesem, für das zerstörte Schiff Entschädigung zu leisten, dennoch ließ der Sultan den britischen Konsul James Read gefangen nehmen. Wenig später beging dieser dann Selbstmord.[452] Als sein Nachfolger Sampson 1772 eine Einladung des marokkanischen Sultans erhielt, lehnte er diese solange ab, bis er letztendlich von seinem Amt abberufen wurde. Sampson fürchtete, dass ihm bei einem Besuch beim marokkanischen Sultan das gleiche Schicksal wie seinem Vorgänger wiederfahren würde. Dafür nahm dieser sogar in Kauf, wegen Pflichtverletzung als Gefangener nach Großbritannien zurückzukehren.[453] Bezeichnend war, dass zwischenzeitlich ein jüdischer *vice consul* dessen Aufgaben nachkam.[454]

Nach Ausbruch der *Great Siege* gelang es, schon allein aufgrund der spanisch-französischen Seeblockade, natürlich auch hinsichtlich der jüdischen Gemeinde nur in sehr begrenzten Umfang, diese aus Gibraltar zu evakuieren. Da gerade die Juden nun wirklich kein Interesse daran haben konnten, dass Gibraltar an Spanien zurückfällt, verwundert es nicht, dass nicht wenige Juden sich als Arbeiter, Soldaten oder Seeleute an der Verteidigung Gibraltars beteiligten.[455] Dennoch kam es während der *Great Siege* vereinzelt auch zu Übergriffen durch Soldaten auf jüdische Einwohner, wofür sich die Täter aber auch vor einem Kriegsgericht verantworten mussten. Im Wesentlichen wurden den Juden die hohen Lebensmittelpreise

---

449 Vgl.: Anlage 2.
450 Vgl.: HIRSCHBERG, 1967. S. 172.
451 Vgl.: Britisch-marokkanischer Vertrag von 1760. Zitiert nach: HIRSCHBERG, 1967. S. 174.
452 Vgl.: BENADY, T.: Settlement, 2004. S. 111.
453 Vgl.: GNA: Governor's Letter Book 1771. Brief Cornwallis an Secretary of State Earl of Rockford vom 27.4.1772.
454 Vgl.: BENADY, T.: Settlement, 2004. S. 111.
455 Vgl.: Ders., 1989. S. 156.

angelastet, wofür aber eher die spanisch-französische Seeblockade verantwortlich war,[456] die die Versorgung Gibraltars aus Marokko nicht nur fast unmöglich, sondern auch äußerst gefährlich machte, so dass Lebensmittel knapp und damit teuer waren.

Die Juden, die aus Gibraltar, etwa auf der Rückfahrt eines Konvois, evakuiert worden waren, wurden unter anderem von jüdischen Gemeinden in England aufgenommen. So nahm etwa die jüdische Gemeinde in Portsmouth, die selbst nur etwa 600 Mitglieder zählte, 250 Juden aus Gibraltar auf. Bemerkenswert scheint in diesem Zusammenhang die Gründung des *Gibraltar Committee,* das mit Hilfe von Spenden die Versorgung der jüdischen Gemeinde finanziell unterstützte. Nach dem Ende der *Great Siege* half das *Gibraltar Committee* jüdischen Flüchtlingen, die aus eigenen Mitteln eine Reise nach Gibraltar nicht finanzieren konnten, bei der Rückkehr nach Gibraltar.[457] Dabei waren es keineswegs nur reiche Juden, sondern mitunter auch Protestanten, die jüdischen Einwohnern bei der Rückkehr nach Gibraltar halfen,[458] was einerseits für ein gutes Verhältnis der Bevölkerungsgruppen untereinander und andererseits wahrscheinlich auch für enge wirtschaftliche Beziehungen zwischen beiden Bevölkerungsgruppen spricht.

---

456 Vgl.: SERFATY, 2004 S. 16.
457 Vgl.: BENADY, T.: Settlement, 2004. S. 109 f.
458 Vgl.: Ders.: Ward family, (2007). S. 30.

9. Ausblick

Auch wenn mit dem Ende der *Great Siege* der letzte spanische Versuch, Gibraltar militärisch zurückzuerobern gescheitert war, blieben deren Folgen weit über 1783 hinaus spürbar. Noch 1792 prägten Ruinen der während der *Great Siege* zerstörten Häuser das Stadtbild Gibraltars.[459] Der stockende Wiederaufbau der zerstörten Stadt hing vor allem damit zusammen, dass Elliott einen erneuten spanischen Angriff fürchtete und deshalb das verfügbare Baumaterial in die Reparatur der Festung investierte.[460] Nicht wenige Einwohner Gibraltars lebten in der Folge auch nach dem Ende der Kampfhandlungen in den provisorischen Unterkünften,[461] zu denen sie ursprünglich geflohen waren, um sich vor dem Beschuss der spanisch-französischen Angreifer in Sicherheit zu bringen. Abgesehen vom Mangel an verfügbarem Baumaterial reichten wohl auch die finanziellen Möglichkeiten vieler Einwohner Gibraltars nicht aus, um ihre Häuser in den ersten Jahren nach der *Great Siege* wiederaufzubauen. So verwundert es nicht, dass Elliott kaum Anstrengungen unternahm, den aufkommenden Tabakschmuggel zu unterbinden.[462]

Trotz der denkbar ungünstigen Bedingungen kamen bereits im Juli 1783 die ersten evakuierten Einwohner zurück nach Gibraltar.[463] Der Zensus von 1787 (3386)[464] offenbarte sogar eine leichte Zunahme der Zivilbevölkerung. Zwar dokumentierte der Zensus von 1791 (2989)[465] wiederum einen Bevölkerungsrückgang, da, im Gegensatz zur Belagerung von 1727, nach der *Great Siege* die meisten Einwohner Gibraltars zurückkehrten, konnten die britischen Gouverneure auch weiterhin auf eine offene Einwanderungspolitik verzichten.

---

459 Vgl.: CONSTANTINE, 2009. S. 53.
460 Vgl.: GNA: Diary No. 4 June 1782-June 1786. Eintrag vom 11.12.1783.
461 Vgl.: GNA: Diary No. 4 June 1782-June 1786. Eintrag vom 18.7.1783.
462 Vgl.: BENADY, T.: Contraband, 2007. S. 71.
463 Vgl.: GNA: Diary No. 4. June 1782-June 1786. Einträge vom 1.7.1783 und 2.7.1783.
464 Vgl.: Anlage 3.
465 Vgl.: Anlage 3.

Mit dem Ausbruch der Koalitionskriege (1792–1815)[466] beziehungsweise der Napoleonischen Kriege (1799–1815)[467] brach in Gibraltar in vielerlei Hinsicht eine neue Zeit an. Als sich Großbritannien und Spanien 1793 gegen das revolutionäre Frankreich verbündeten, wurde auch die Blockade des spanischen Hinterlands weitgehend aufgehoben, so dass entsprechender Personen- und Warenverkehr deutlich erleichtert wurde.[468] Größeren Anteil am wirtschaftlichen Aufschwung Gibraltars hatte allerdings der *Vice Admirality Court*. Mussten doch alle gekaperten Schiffe von diesem begutachtet werden. Da im Mittelmeer nur noch in Malta ein weiterer britischer *Vice Admirality Court* existierte, wurden zahlreiche gekaperte Schiffe nach Gibraltar gebracht und deren Ladung nach der Freigabe durch den *Vice Admirality Court* dort auch verkauft.[469] Auch die von Napoleon 1806 gegen britische Waren verhängte Kontinentalsperre wirkte sich auf Gibraltar positiv aus. So wurden britische Waren in der Folge in Gibraltar an Händler neutraler Nationen verkauft, die diese dann in den für britische Händler unzugänglichen europäischen Häfen weiterverkauften, wodurch die Kontinentalsperre in Gibraltar umgangen werden konnte.[470]

Es verwundert nicht, dass mit der wirtschaftlichen Prosperität Gibraltars auch ein Wachstum der Zivilbevölkerung einherging. Um 1801 zählte die Zivilbevölkerung zum ersten Mal seit dem Exodus der ursprünglichen spanischen Bevölkerung 1704 wieder mehr als 5 000 Einwohner.[471] Bis 1816 hatte sich die Zivilbevölkerung mit 11 623 Einwohnern sogar mehr als verdoppelt, wobei auch weiterhin vor allem Katholiken, aber auch Juden den größten Teil der Bevölkerung ausmachten.[472] Natürlich brachte dieses Bevölkerungswachstum auch Probleme mit sich. So häuften sich zu Beginn des 19. Jahrhunderts Gelbfieberepidemien, die sich wahrscheinlich auf die schlechten hygienischen Bedingungen in Gibraltar zurückführen lassen.[473]

---

466 Vgl.: CONNELLY, Owen: The Wars of the French Revolution and Napoleon, 1792–1815. London (= Warfare and History) 2006. S. 22 ff.
467 Vgl.: ebd. S. 107 ff.
468 Vgl.: HILLS, 1974. S. 357 f.
469 Vgl.: FINLAYSON, (2002). S. 33.
470 Vgl.: HILLS: 1974. S. 361 ff.
471 Vgl.: FINLAYSON, (2002). S. 31.
472 Vgl.: Ebd. S. 33.
473 Vgl.: BENADY, S., 1994. S. 76 ff.

Aber auch die Versorgung Gibraltars mit Trinkwasser stellte die britischen Gouverneure zunehmend vor Probleme.[474]

Bis auf wenige öffentliche Ämter blieben die politischen Partizipationsmöglichkeiten für die Zivilbevölkerung äußerst begrenzt.[475] Zumindest die in den *Blands Regulations* formulierten Restriktionen hinsichtlich des Besitzerwerbs von Katholiken und Juden wurden 1804 aufgehoben, insofern diese seit wenigstens fünf Jahren auf Gibraltar lebten.[476] Hinsichtlich der zivilen Freiheiten blieb Gibraltar als Garnisonsstadt auch weiterhin hinter den Städten auf den britischen Inseln zurück,[477] galt den meisten britischen Gouverneuren des 19. Jahrhunderts doch eine größere Beteiligung der Zivilbevölkerung an der Regierung Gibraltars als Sicherheitsrisiko für die Festung.[478] Auch die Gründung der ersten Zeitung Gibraltars des *Gibraltar Chronicel* 1801 sollte den Einfluss profranzösischer Schriften eindämmen. Zum einen sollten damit Nachrichten über britische Siege, etwa in Ägypten, nach Gibraltar gelangen, zum anderen wollte Gouverneur Charles O'Hara (1795–1802)[479] damit möglichen Forderungen nach zivilen Freiheiten wie etwa einer freien Presse entgegenwirken.[480]

Die Bemühungen der britischen Gouverneure, die katholische Gemeinde Gibraltars durch die Erteilung eines Apostolischen Protonotariats dem Einfluss des Bischofs von Cadiz zu entziehen, hatten 1792 Erfolg. War doch ein erneuter europäischer Konflikt absehbar, so dass es Papst Pius VI. (1775–1799), der der Französischen Revolution ablehnend gegenüberstand und ein Gegner Napoleons war,[481] geboten erschien, dem katholischen *priest in charge* die nötigen Kompetenzen zu verleihen, um seinen Pflichten not-

---

474 Vgl.: FINLAYSON, (1994). S. 62.
475 Vgl.: CONSTANTINE, 2009. S. 91.
476 Vgl.: Ebd. S. 34.
477 Vgl.: Ebd. S. 91.
478 Vgl.: GARDINER, Robert: Report on Gibraltar considered as a Fortress and Colony. Gibraltar 1856. S. 17 f.
479 Vgl.: Anlage 2.
480 Vgl.: FINLAYSON, Tomas: The Press in Gibraltar in the Nineteenth Century. In: Gibraltar Heritage Journal. Nr. 4 (1997). S. 91–112. S. 91 f.
481 Vgl.: COLLINS, Jeffrey: Papacy and politics in eighteenth century Rome. Pius VI and the arts. Cambridge 2004. S. 28 ff.

falls auch unabhängig vom Bischof von Cadiz nachkommen zu können.[482] Zwar gehörte Gibraltar noch bis 1840[483] formal zum Bistum Cadiz, faktisch war die katholische Gemeinde Gibraltars damit aber bereits dem Einfluss des Bischofs von Cadiz entzogen.

---

482 Vgl.: CARUANA, 1989. S. 32.
483 Vgl.: Ebd. S. 61 ff.

10. Fazit

Ausgangspunkt für die Bildung einer neuen Zivilbevölkerung Gibraltars war sicherlich der Exodus der spanischen Bevölkerung im August 1704. In der Folge mussten die Gouverneure Gibraltars schon allein im Hinblick auf den hohen Bedarf an Arbeitskräften versuchen, Zivilisten nach Gibraltar zu locken. Dass diese, insbesondere nach der Abtretung Gibraltars an Großbritannien im Frieden von Utrecht 1713, nach Möglichkeit britische Protestanten sein sollten, änderte nichts daran, dass sich diese britische Wunschvorstellung nicht erfüllen sollte. Waren doch die Bedingungen für Migranten in Gibraltar gerade im 18. Jahrhundert denkbar schlecht. Neben der latenten Gefahr eines spanischen Angriffes auf Gibraltar, das im 18. Jahrhundert immerhin noch drei Mal von einer spanischen Belagerung verwüstet werden sollte, gehörten auch hohe Lebenshaltungskosten[484] und die räumliche Beengtheit Gibraltars zu den Gegebenheiten, mit denen sich Migranten in Gibraltar arrangieren mussten. Zudem kamen Zivilsten in der Garnisonsstadt Gibraltar nur sehr wenige zivile Freiheiten zu und auch wirtschaftlich entwickelte sich Gibraltar bei Weitem nicht so positiv, wie ursprünglich mit der Erklärung Gibraltars zum Freien Hafen erhofft, so dass die Anziehungskraft Gibraltars für Zivilisten im 18. Jahrhundert eher gering war.

Hinsichtlich der Auswahl an Migranten konnten die ersten Gouverneure Gibraltars auch mangels britischer Zuwanderung also kaum wählerisch sein. In der Folge entstand eine neue Zivilbevölkerung aus Katholiken, Juden und Protestanten. Diese entwickelte sich während des 18. Jahrhunderts zu einer funktionierenden Gesellschaft, die den britischen Gouverneuren trotz des großen Anteils an Katholiken weitgehend loyal gegenüberstand. Ein Grund hierfür kann sicherlich darin gesehen werden, dass die britischen Gouverneure der Zivilbevölkerung, soweit militärische Interessen davon unberührt blieben, mitunter weitgehende Selbstverwaltung zugestanden. Konnten die Gouverneure Gibraltars doch kein Interesse daran haben, allzu

---

484 Vgl.: SAWCHUCK, L. A.: Deadly Visitations in Dark Time: A Social History of Gibraltar. Gibraltar 2001. S. 100.

sehr in die Belange der Zivilbevölkerung involviert zu werden, so dass diese gerade in der zweiten Hälfte des 18. Jahrhunderts häufig in öffentlichen Angelegenheiten die Kooperation mit der Zivilbevölkerung suchten. Wegen der ungünstigen Bedingungen, mit denen die Einwohner Gibraltars konfrontiert waren, bestand für diese ebenso die Notwendig zur Kooperation sowohl mit der britischen Administration als auch untereinander. Für die intensiven Kontakte zwischen Gouverneuren und den *principals* spricht, dass Ende des 18. Jahrhunderts diesen eine ähnliche gesellschaftliche Stellung wie Offizieren zukam.[485] War doch der Zivilbevölkerung genau wie den Gouverneuren an funktionierenden Strukturen Gibraltars gelegen, so dass man sicherlich in dieser Hinsicht von einer Interessensgemeinschaft zwischen Gouverneur und Zivilbevölkerung sprechen kann, ohne die Gibraltar wahrscheinlich nicht gegen Spanien hätte gehalten werden können. Der Eindruck einer an sich feindlichen Umgebung war nicht nur während des 18. Jahrhunderts für Soldaten wie Zivilisten permanent offensichtlich. Gerade dieses Bewusstsein einer feindlichen Umgebung, mit dem die Notwendigkeit zur gegenseitigen Kooperation einherging, trug wesentlich dazu bei, dass sich in Gibraltar zwischen Zivilbevölkerung und Gouverneur eine Interessengemeinschaft entwickelte und sich die Zivilbevölkerung Gibraltars zu einer funktionierenden Gesellschaft formte. Gerade letzteres fand auch in vielen zeitgenössischen Quellen Anerkennung.

Aus der erwähnten Interessensgemeinschaft bildete sich dann später im 19. und 20. Jahrhundert eine gemeinsame Identität als *Gibraltarians* heraus. Ohne Zweifel trug Spanien zu dieser Entwicklung durch die anhaltenden Blockaden Gibraltars bei. Noch Franco versuchte mittels einer Blockade Gibraltars, dessen Rückgabe zu erzwingen.[486] Weitgehend abgetrennt vom spanischen Hinterland, entstand in Gibraltar eine auch heute noch in vielerlei Hinsicht einzigartige Bevölkerung, deren Wurzeln sicherlich im 18. Jahrhundert zu sehen sind. So entwickelte sich in Gibraltar mit *Llanito* eine eigene Kreolsprache, die im Wesentlichen auf einer Mischung aus Englisch und Spanisch basiert.[487] Die Entwicklung Gibraltars hin zu einer

---

485 Vgl.: BENADY, T., 1989. S. 155.
486 Vgl.: GOLD, Peter: A Stone in Spain's Shoe. The search for a solution to the problem of Gibraltar. Liverpool 1994. S. 7 ff.
487 Vgl.: BALLANTINE, (2000). S. 118 ff.

bürgerlichen Gesellschaft mit nennenswerter politischer Partizipation sollte allerdings noch bis weit ins 20. Jahrhundert hinein dauern. Ein Stadtrat wurde den britischen Gouverneuren erst 1921 zur Seite gestellt,[488] die erste Verfassung erhielt Gibraltar 1969.[489]

Ungeachtet der in mehrerlei Hinsicht wirklich bemerkenswerten Entwicklung der Gesellschaft Gibraltars zu einer auch heute noch funktionierenden multiethnischen beziehungsweise multireligiösen Gesellschaft, kommt Gibraltar in der heutigen Forschung nur wenig Aufmerksamkeit zu. Dabei ergeben sich doch bezüglich der Konfessionalisierungsthese interessante Befunde: So setzte mit der zunehmenden Regulierung Gibraltars ab der zweiten Hälfte des 18. Jahrhunderts auch ein Prozess der Sozialdisziplinierung und -regulierung ein, konfessionelle Motive lassen sich dabei allerdings nur in sehr begrenztem Umfang ausmachen, zumal die Gegebenheiten Gibraltars den britischen Gouverneuren hinsichtlich ihrer Entscheidungen nur wenig Raum für konfessionelle Präferenzen ließen. Reforminitiativen seitens des Königs oder der entsprechenden Minister waren zwar nicht selten konfessionell motiviert, kamen letztendlich aber meist der gesamten Zivilbevölkerung zu Gute. Restriktionen wie das Verbot, Besitz an Katholiken und Juden zu vergeben, wurden umgangen oder nicht konsequent durchgesetzt, sodass deren Wirkung gering blieb. Allerdings wurde der Einfluss des Bischofs von Cadiz über das 18. Jahrhundert und darüber hinaus kontinuierlich zugunsten einer eigenständigeren katholischen Gemeinde in Gibraltar zurückgedrängt. Dafür schufen die britischen Gouverneure mit der *Junta of Elters* eine eigene Institution, die die Pfarrer kontrollierten und Anteil an der Verwaltung der katholischen Gemeinde hatten. Darüber hinaus legten die Gouverneure eine neue Einführungszeremonie für den neuen *priest in charge* fest und behielten sich das Recht vor, diesen aus Gibraltar zu verbannen, falls sie etwa an dessen Loyalität zweifelten oder größere Verfehlungen in der Amtsführung vorlagen. Träger dieser Entwicklung waren neben der katholischen Gemeinde Gibraltars vor allem die Gouverneure, die so ihren Herrschaftsanspruch gegen den Bischof von Cadiz nicht ganz erfolglos durchsetzen wollten, während die britische Diplomatie

---

488 Vgl.: ARCHER, 2006. S. 206.
489 Vgl.: SLOMA, Diane: Gibraltar, Fortress and Colony in strategy, economics and war 1918 to 1947. Cambridge (=Diss.) 2000. S. 28.

in dieser Hinsicht eher zu einem Kompromiss bereit gewesen wäre, um das Verhältnis zu Spanien zu verbessern oder zumindest nicht weiter zu belasten. Letztendlich waren die Gouverneure Gibraltars gezwungen, das Ideal konfessioneller Homogenität der Durchsetzung der britischen Herrschaft in Gibraltar zu opfern. Dieser Befund passt insofern auch zu entsprechenden Forschungen zu den Grenzen der Konfessionalisierungsthese.[490]

Natürlich stellt Gibraltar in vielerlei Hinsicht eine Ausnahme dar, sodass nicht einfach von den Verhältnissen in Gibraltar auf andere britische Garnisonsstädte geschlossen werden kann. Bisher weitgehend unbeantwortet blieb jedoch die Frage, inwiefern Gibraltar anderenorts eine Vorbildfunktion zukam. So entstand etwa in New Orleans um 1780 mit den *Marguillers* eine der *Junta of Elders* ähnliche Institution.[491] Inwiefern es sich hierbei um einen Einzelfall handelte oder eben auch nicht, müssten weitergehende Nachforschungen ergeben. Der aktuelle Stand der Forschung gibt in dieser Hinsicht leider noch keinen Aufschluss.

---

490   Vgl.: SCHINDLING, Anton: Konfessionalisierung und Grenzen von Konfessionalisierbarkeit. In: SCHINDLING, Anton/ZIEGLER, Walter (Hg): Die Territorien des Reichs im Zeitalter der Reformation und Konfessionalisierung. Land und Konfession 1500–1650. Münster (=Bilanz – Forschungsperspektiven – Register Band 7) 1997. S. 9–44. S. 42 ff.
491   Vgl.: CARUANA, 1989. S. 15 f.

11. Quellen

Staatsbibliothek Bremen, Bremen:
V.2.a.235–12.

Gibraltar National Archives, Gibraltar:
GNA: Admirality Books No. 1.
GNA: Bland's Regulations.
GNA: Civil Court Degrees Volume 1. 1735–1737.
GNA: Civil Secretary's Register No. 3.
GNA: Diary 1777 & 1778–1782.
GNA: Diary No. 4 June 1782-June 1786.
GNA: Governor's Letter Book 1749–1766.
GNA: Governor's Letter Book 1765–1766 (Irwin).
GNA: Governor's Letter Book 1771.
GNA: History of the Permit System.
GNA: Miscellaneons Papers 1749–1783.
GNA: Placarts & Warrents 1765–1777 & 1794–1799.
GNA: Treasury Book 1757–1774.
GNA: Zensus 1753.
GNA: Zensus 1777 & 1791.

British Library, London:
BL: Add MS 35590
BL: Add MS 36137
BL: Add MS 38331
BL: Lansd. 1234

National Archives, London:

TNA PRO: CO 389/54

TNA PRO: CO 389/55

TNA PRO: CO 95/3

TNA PRO: PC 1/4/99

TNA PRO: T1/348

TNA PRO: T1/353

Gedruckte Quellen

ANONYM: Auszug der Nachricht eines Reisenden von der Festung und der Stadt Gibraltar, und deren jetziger Verfassung. In: Hannoverisches Magazin. 31. Stück (18.4.1777). S. 481–496.

A Petition of the Inhabitants of Gibraltar against Colonel Congreve. Zitiert nach: CARUANA, Charles: Rock under Cloud. Cambridge 1989. S. 173–174.

AYALA, Ignacio Lopez de: Historia de Gibraltar. Madrid 1782.

BENADY, Tito (Hg.): Description of Gibraltar in 1773. By Richard Twiss. In: Gibraltar Heritage Journal. Nr. 4 (1997). S. 62–69.

DRINKWATER, John: A history of the siege of Gibraltar 1779–83: with a description and account of that garrison from the earliest times. London[2] 1905.

GARDINER, Robert: Report on Gibraltar considered as a Fortress and Colony. Gibraltar 1856.

GREEN, Mrs.: A Lady's Experience in the Great Siege of Gibraltar. In: Royal Engineers Journal. Juli 1912. S. 7–108.

HEISE, J.C.F.: Beschreibung von Gibraltar und Menorca. In: Hannoverisches Magazin. 69. Stück (26.8.1776). S. 1089–1104.

KÜNZEL, Heinrich (Hg.): Das Leben und Briefwechsel des Landgrafen Georg von Hessen-Darmstadt, des Eroberers und Vertheidigers von Gibraltar. Ein Beitrag zur Geschichte des spanischen Successionskrieges, zur Memoirenliteratur des 17. u. 18. Jahrhunderts und zur Hessischen Landesgeschichte. Friedberg 1859.

MESSA, Francisco: A Diary of the Events of the Great Siege 1779–81. Zitiert nach: CARUANA, Charles: Rock under Cloud. Cambridge 1989. S. 145–153.

POOLE, Robert: Description of Gibraltar in 1748. In: Gibraltar Heritage Journal. Nr. 3 (1995). S. 61–90.

12. Literaturverzeichnis

ALEXANDER, Marc: Gibraltar. Conquered by no enemy. Stroud 2008.

ANDREWS, Allen: Proud Fortress. The fighting story of Gibraltar. London 1958.

ANTHONY, Ken: William Green: the man who saved Gibraltar. In: Gibraltar Heritage Journal. Nr. 4 (1997). S. 31–42.

ARCHER, Edward: Gibraltar, Identity and Empire. London 2006.

ARES, Jose Manuel de Bernardo: Gibraltar (1704): una encrucijada britanica entre el Mediterraneo y el Atlantico. In: EDELMAYER, Friedrich u. a. (Hg.): Hispania-Austria III. Der Spanische Erbfolgekrieg. Wien (= Studien zur Geschichte und Kultur der Iberischen und Iberoamerikanischen Länder. Band 13) 2008. S. 211–230.

BALLANTINE, Sergius: English and Spanish in Gibraltar. Development and characteristics of two languages in a bilingual community. In: Gibraltar Heritage Journal Nr. 7 (2000). S. 115–124.

BAKER, Paul/BALDACHINO, Cecilia: The Naval Involvment in the Capture of Gibraltar in 1704. In: Gibraltar Heritage Journal. Nr. 11 (2004). S. 59–102.

BENADY, Sam: Civil Hospital and Epidemics in Gibraltar. A History of St. Bernard's Hospital. Gibraltar 1994.

Ders.: Women of Gibraltar. In: Gibraltar Heritage Journal. Nr. 10 (2003). S. 67–81.

Ders.: Contacts between England and Gibraltar before 1704. In: Gibraltar Heritage Journal. Nr. 11 (2004). S. 3–12.

Ders.: The Siege of 1704–5. In: Gibraltar Heritage Journal. Nr. 11 (2004). S. 103–118.

BENADY, Tito: The Jewish Community of Gibraltar. In: BARNETT, Richard/ SCHWAB, Walter (Hg.): The Sephardim Heritage: The Western Sephardim. Gibraltar 1989. S. 144–179.

Ders.: Governors of Gibraltar. In: Gibraltar Heritage Journal. Nr. 2 (1994). S. 73–78.

Ders.: The Complaint of The Chief Justice of Gibraltar. In: Gibraltar Heritage Journal Nr. 4 (1997). S. 18–23.

Ders.: The Depositions of Spanish Inhabitants of Gibraltar to the Inspectors of the Army in 1712. In: Gibraltar Heritage Journal. Nr. 6 (1999). S. 99–114.

Ders.: Spaniards in Gibraltar after the Treaty of Utrecht. In: Gibraltar Heritage Journal. Nr. 7 (2000). S. 125–144.

Ders.: The Genoese in Gibraltar. In: Gibraltar Heritage Journal Nr. 8 (2001). S. 85–108.

Ders.: The settee cut: Mediterranean Passes issued at Gibraltar. In: Mariner's Mirror Nr. 87 (2001). S. 281–296.

Ders./FINLAYSON, Tomas: Historical Events in Gibraltar. In: Gibraltar Heritage Journal. Nr. 9 (2002). S. 93–98.

Ders.: The Governors of Gibraltar I. (1704–1730). In: Gibraltar Heritage Journal. Nr. 9 (2002). S. 42–60.

Ders.: The Governors of Gibraltar II. (1730–1749). In: Gibraltar Heritage Journal. Nr. 10 (2003). S. 45–56.

Ders.: The Settlement of Jews in Gibraltar. In: Gibraltar Heritage Journal. Special Edition to Commemorate the Gibraltar Exhibition at the Jewish Museum, London, 2004. S. 71–117.

Ders.: The Civilian Population in 1704. In: Gibraltar Heritage Journal. Nr. 11 (2004). S. 119–134.

Ders.: Smuggling and the Law. In: Gibraltar Heritage Journal Nr. 13. (2006). S. 89–101.

Ders.: Trade and Contraband in Gibraltar in the Eighteenth and Nineteenth Centuries. In: VASSALLO, Carmel/D'ANGELO, Michela (Hg.): Anglo-Saxons in the Mediterranean: Commerce, Politics and Ideas (XVII.–XX. Centuries). Malta 2007. S. 63–81.

Ders.: The remarkable Ward family. In: Gibraltar Heritage Journal Nr. 14 (2007). S. 29–36.

BERNECKER, Walter: Spanische Geschichte: Vom 15. Jahrhundert bis zur Gegenwart. München[2] 2001.

BETTEN, Arnold: Marokko. Antike, Berbertraditionen und Islam-Geschichte, Kunst und Kultur im Maghreb. Köln 1998.

BLACK, Jeremy: The politics of Great Britain, 1688–1800. Manchester 1993.

BLAND, Humphrey: A Treatise of Military Discipline. In Which is Laid down and Explained The Duties of Officer and Soldier. London 1727.

BOSSY, John: The English Catholic Community. 1570–1850. New York 1976.

BRADFORD, Ernle: Gibraltar. The history of a fortress. London 1971.

BURKE, Bernard: A genealogical and heraldic dictionary of the landed gentry of Great Britain. London 1858.

CARRINGTON, C. E.: Gibraltar – The Rock with emotional Problem. In: Journal of Commonwealth political studies. Oktober 1966. S. 187–190

CARUANA, Charles: Rock under Cloud. Cambridge 1989.

CIMENT, James: Colonial America. An encyclopedia of social, political, cultural, and economic history, Band 4. Sp. 878–879.

CHARTRAND, Rene: Gibraltar 1779–1783. The Great Siege. Oxford 2006.

COLLINS, Jeffrey: Papacy and politics in eighteenth century Rome. Pius VI and the arts. Cambridge 2004.

CONNELLY, Owen: The Wars of the French Revolution and Napoleon, 1792–1815. London (= Warfare and History) 2006.

CONSTANTINE, Stephan: Community and identity: The making of Gibraltar since 1704. Manchester 2009.

DENNIS, Philip: Gibraltar and It's People. London 1990.

DESOISA, Joe: The political Background to the War of Spanish Succession. In: Gibraltar Heritage Journal. Nr. 11 (2004). S. 13–38.

DIAZ-MAS, Paloma: Sephardim: the Jews from Spain. Chicago 1992.

DIETZ, Peter: Gibraltar. In: DIETZ, Peter (Hg.): Garrison: Ten British Military Towns. S. 177–200.

DUNCAN, Francis: The Great Siege of Gibraltar. In: DUNCAN, Francis (Hg.): History of the Royal Regiment of Artillery compiled from the original records 1716–1783. London² 2005. S. 271–286.

DUCHARDT, Heinz: Altes Reich und europäische Staatenwelt 1648–1806. München (=Enzyklopädie Deutscher Geschichte. Band IV.) 1990.

Ders.: Balance of Power und Pentarchie. Internationale Beziehungen 1700–1785. Paderborn (= Handbuch der Geschichte der Internationalen Beziehungen. Band IV.) 1997.

ELLICOTT, Dorothy: From Rooke to Nelson 1704–1805: 101 eventful years in Gibraltar. Gibraltar 1965.

Dies.: Our Gibraltar. A Short History of the Rock. Gibraltar 1975.

FINLAYSON, Tomas: The History of Gibraltar's Water Supply. In: Gibraltar Heritage Journal. Nr. 2 (1994). S. 60–72.

Ders.: Stories from the Rock. Gibraltar 1996.

Ders.: The Press in Gibraltar in the Nineteenth Century. In: Gibraltar Heritage Journal. Nr. 4 (1997). S. 91–112.

Ders.: The Gibraltarian Since 1704. In: Gibraltar Heritage Journal. Nr. 9 (2002). S. 23–41.

GARRATT, G. T.: Gibraltar and the Mediterranean. New York² 2007.

GOLD, Peter: A Stone in Spain's Shoe. The search for a solution to the problem of Gibraltar. Liverpool 1994.

GOMEZ, Juan Manuel Ballesta: The Gibraltar Connections of a San Roque Family. In: Gibraltar Heritage Journal Nr. 8 (2001). S. 17–19.

GROCOTT, Chris/STOCKEY, Gareth: Gibraltar. A modern history. Cardiff 2012.

GUERRERO, Eddie: Foreword. In: Gibraltar Heritage Journal. Nr. 2 (1994).

GUFFIE, T. H. Mc: The Siege of Gibraltar, 1779–1783. London 1965.

HALLER, Dieter: Gelebte Grenze Gibraltar. Transnationalismus, Lokalität und Identität in kulturanthropologischer Perspektive. Wiesbaden 2000.

HASSID, Ronald: The Rabbis of Gibraltar in the Eighteenth Century. In: Gibraltar Heritage Journal. Special Edition to Commemorate the Gibraltar Exhibition at the Jewish Museum (2004). S. 35–41.

HILLS, George: Rock of Contention. A History of Gibraltar. London 1974.

HIRSCHBERG, H. Z.: Jews and Jewish Affairs in the Relations between Great Britain and Marocco in the 18th Century. In: FINESTEIN, I. u. a. (Hg.): Essays presented to Chief Rabbi Israel Brodie on the occasion of his seventieth Birthday. London 1967. S. 153–183.

HOWES, Henry: The Gibraltarian. The Origen and Development of the Population of Gibraltar from 1704. Gibraltar² 1982.

JACKSON, William: The Rock of Gibralteans. Gibraltar⁴ 2001.

KENYON, E. R.: Gibraltar under Moor, Spaniard and Briton. London² 1933.

KING, Dennis: Prince George of Hessen. A hero cast in the old Mould. In: Gibraltar Heritage Journal. Nr. 11 (2004). S. 39–58.

KLUETING, Harm: Das Konfessionelle Zeitalter. Europa zwischen Mittelalter und Moderne. Kirchengeschichte und Allgemeine Geschichte. Darmstadt 2007.

LAWSON, Don: The Lion and the Rock: the Story of the Rock of Gibraltar. London 1969.

LERG, Charlotte: Die Amerikanische Revolution. Tübingen 2010.

LOMBARD, Toni: Fives Court. In: Gibraltar Heritage Journal. Nr. 7 (2000). S. 49–74.

LUNA, Jose Carlos de: Historia de Gibraltar. Madrid 1944.

MALVASIA, Gonzalo de: Gibraltar por la razon o la fuerza. Madrid 1978.

MARCU, Valeriu: Die Vertreibung der Juden aus Spanien. München 1991.

MONTGOMERY, Martin: History of the British Colonies. Possessions in Europe: Gibraltar. Gibraltar 1998.

ODA-ANGEL, Francisco: A Singular International Area: Borders and Cultures in the Societies of Gibraltar. San Diego 2000.

OLIVA, Francisco: The Frontiers of Doubt. A critique of the political system by a Gibraltarian skeptic. Tarifa 2004.

PALAO, George: Gibraltar: Our Forgotten Past. Gibraltar 1977.

PELIZAEUS, Ludolf: Die Iberische Halbinsel und die Kolonien zwischen Konfessionalisierung und Sonderweg. In: BROCKMANN, Thomas/WEISS, Dieter (Hg.): Das Konfessionalisierungsparadigma. Leistung, Probleme, Grenzen. Münster (=Bayreuther historische Kolloquien Band 16) 2013. S. 203–220.

POWER, Vincent: The Garrison of Gibraltar 1 (1704–1791). In: Gibraltar Heritage Journal. Nr. 14 (2007). S. 45–62.

PRESTON, R. A.: The Gibraltar Question. In: Queen's Quarterly. A Canadian Review. Band LXI Nr. 2. S. 179–188.

PRÖVE, Ralf: Der Soldat in der ‚guten Bürgerstube'. Das frühneuzeitliche Einquartierungssystem und die sozio-ökonomischen Folgen. In: KRROENER, Bernhard R./PRÖVE, Ralf (Hg.): Krieg und Frieden. Militär und Gesellschaft in der frühen Neuzeit. Paderborn 1996. S. 191–217.

RIESS, Marta: Kreuzzugsideologie und Feindbildkonstruktion während des Spanischen Erbfolgekrieges. In.: EDELMAYER u. a. (Hg.): Hispania-Austria III. Der Spanische Erbfolgkrieg. Wien (= Studien zur Geschichte und Kultur der Iberischen und Iberoamerikanischen Länder. Band 13) 2008. S. 161–192.

ROUGH, E. M. G.: Tanger England's Lost Atlantic Outpost. London 1912.

RUSSEL, Jack: Gibraltar besieged 1779–1783. London 1965.

RUPP, Ernest Gordon: Religion in England. Oxford (Oxford History of the Christian Church) 1986.

SAWCHUCK, L. A.: Deadly Visitations in Dark Time: A Social History of Gibraltar. Gibraltar 2001.

SAYER, Frederic: The History of Gibraltar and of it's political Relation to events in Europe. London 1865.

SERFATY, A. B. M.: The Jews of Gibraltar under British Rule. In: Gibraltar Heritage Journal. Special Edition to Commemorate the Gibraltar Exhibition at the Jewish Museum (2004). S. 5–34.

SELPULVEDA, Isidro: Gibraltar la razon y la fuerza. Madrid 2004.

SCHINDLING, Anton: Konfessionalisierung und Grenzen von Konfessionalisierbarkeit. In: SCHINDLING, Anton/ZIEGLER, Walter (Hg): Die Territorien des Reichs im Zeitalter der Reformation und Konfessionalisierung. Land und Konfession 1500–1650. Münster (=Bilanz – Forschungsperspektiven – Register Band 7) 1997. S. 9–44.

SCHNETTGER, Matthias: Der Spanische Erbfolgekrieg: 1701–1713/14. München 2014.

SCHUMANN, Matt/SCHWEIZER, Karl: The Seven Years War. A transatlantic history. London 2010.

SLOMA, Diane: Gibraltar, Fortress and Colony in strategy, economics and war 1918 to 1947. Cambridge (=Diss.) 2000.

SMID, Stefan: Der Spanische Erbfolgekrieg. Geschichte eines vergessenen Weltkriegs (1701–1714). Köln 2011.

STETSON, Conn: Gibraltar in British Diplomacy in the Eighteenth Century. New Havon 1942.

STEWARD, John: Gibraltar: the Keystone. London 1967.

SWIFT, Lona: The Garrison Library. In: Gibraltar Heritage Journal. Nr. 9 (2002). S. 61–70.

TAYLOR, Roger: Solicitors of the Supreme Court of Gibraltar. In: Gibraltar Heritage Journal. Nr. 9 (2002). S. 89–92.

VASQUEZ, Manuel Alverez: La perdida de Gibraltar y el nacimiento de la nueva poblacion de los barrios. In: Almoraima. Nr. 34 (2007). S. 51–66.

VIDAL, Josep Juan: La Guerra de Sucesion a la Corona de España: Las Islas Baleares entre Austrias y Borbones. In.: EDELMAYER, Friedrich u. a. (Hg.): Hispania-Austria III. Der Spanische Erbfolgekrieg. Wien (=Band 13) 2008. S. 231–257.

ZIEGLER, Walter: Kritisches zur Konfessionalisierungsthese. In: FRIEß, Peer/KIEßLING, Rolf (Hg.): Konfessionalisierung und Region. Konstanz (=FORUM SUEVICUM. Beiträge zur Geschichte Ostschwabens und der benachbarten Regionen. Band III.) 1999. S. 41–53.

13. Anhang

Anlage 1:

Ausschnitt einer Karte von Gibraltar aus dem Jahr 1733

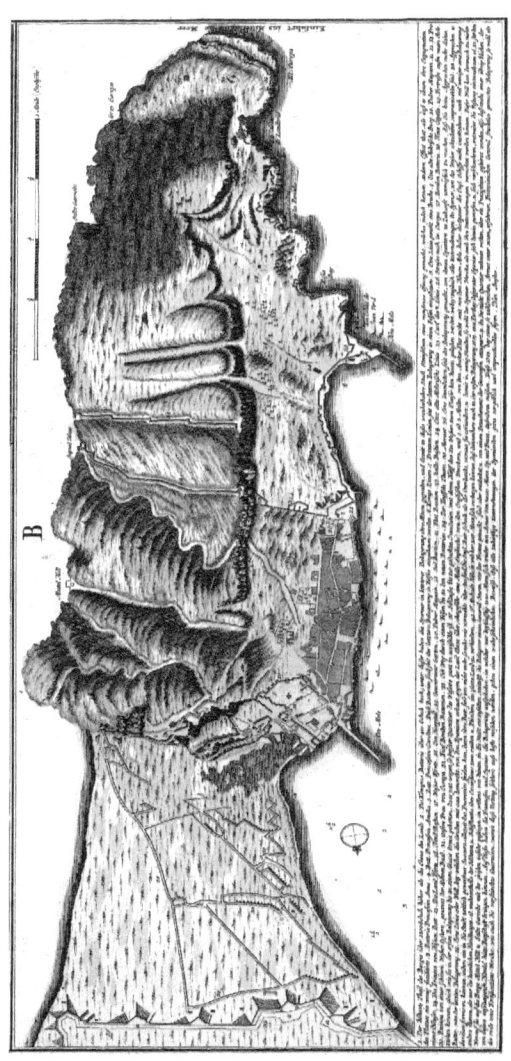

Staats- und Universitätsbibliothek Bremen, Signatur: V.2.a.235–12.

Anlage 2:

Governors of Gibraltar
    1704   Georg von Hessen-Darmstadt*
    Aug. 1704-Nov.1704   Henry Nugent*
    Dec. 1704-Dec.1707   John Shrimpton*
    1707   Roger Elliott
    1711   Thomas Stanwix
    1713   Earl of Portmore
    1730   Joseph Sabine
    1739   Jesper Clayton
    1742   William Hargrave
    1749   Humphrey Bland
    1754   Thomas Fowke
    1756   Lord Tyrawley
    1757   Earl of Home
    1762   Edward Cornwallis
    1776   George Augustus Elliott
    1790   Robert Boyd
    1794   Henry Clinton
    1795   Charles O'Hara

Lieutenant Governors of Gibraltar
    1707   Roger Elliott
    1713   Ralph Congreve
    1716   Stanhope Cotton
    1725   Richard Kane
    1726   Jasper Clayton
    1730   Francis Columbine
    1739   William Hargrave
    1756   Thomas Dunbar
    1768   Robert Boyd
    1789   Henry Calder
    1792   Charles O'Hara

Commanders in Chief
Nov. 1705-Nov. 1706	Roger Elliott
Feb.1718-Nov.1719	Peter Godbey
Nov.1719-Mar. 1720	Francis Bowes
Mar. 1720-Oct. 1720	William Elrington
Oct. 1720-Nov.1720	Richard Kane
Mar. 1721-Jul. 1725	William Hargrave
May 1751-Jun. 1752	George Beauclerk
Jun. 1752-Apr. 1753	William Herbert
Apr.1753-May1754	Edward Braddock
Jun. 1757-Jul.1757	Earl of Panmure
Apr. 1761-Jun.1761	John Toovey
Jun.1761-Jun.1762	John Parslow
Jul. 1765-Aug. 1767	John Irwin
May 1787-Jan.1791	Charles O'Hara

* von Karl (III.) oder von Georg von Hessen-Darmstadt ernannt.
Entnommen aus: BENADY, T., (1994). S. 75 ff.

Anlage 3:

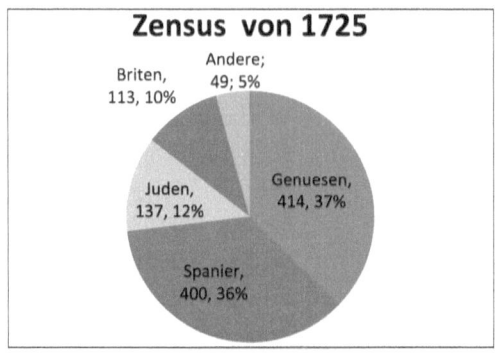

Vgl.: FINLAYSON, (2002). S. 25.

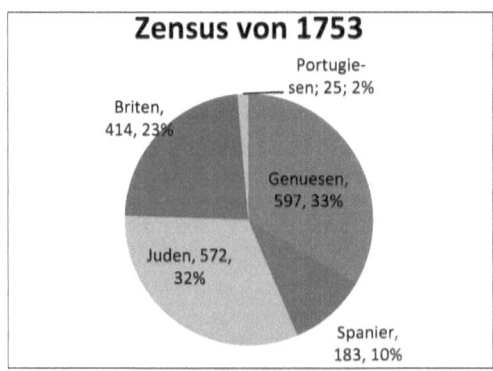

Vgl.: GNA: Zensus 1753.

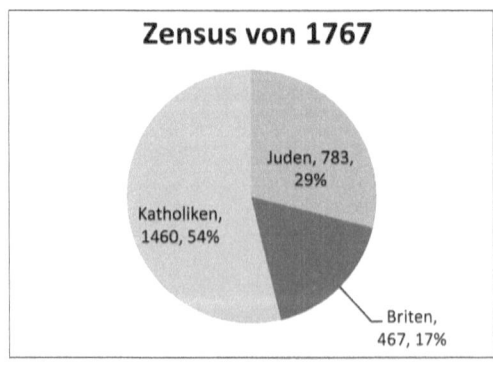

Vgl.: CONSTANTINE, 2009. S. 25.

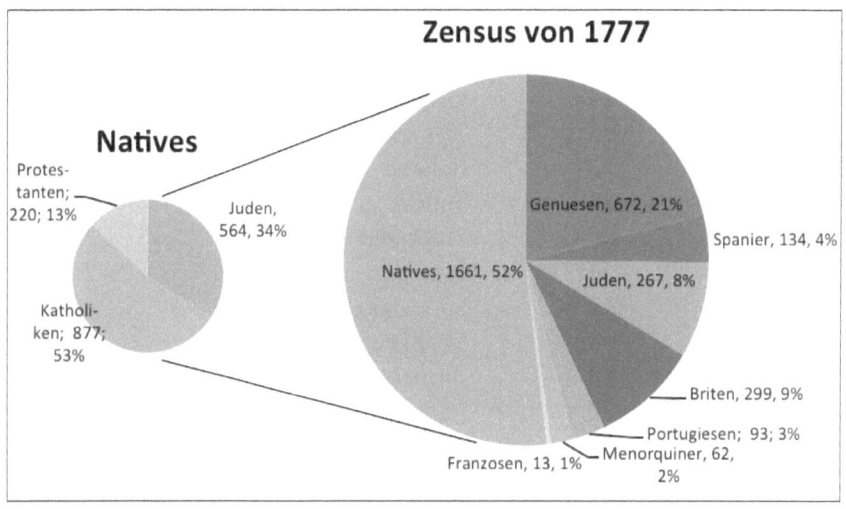

Vgl.: GNA: *Zensus 1777 & 1791. Zensus 1777.*

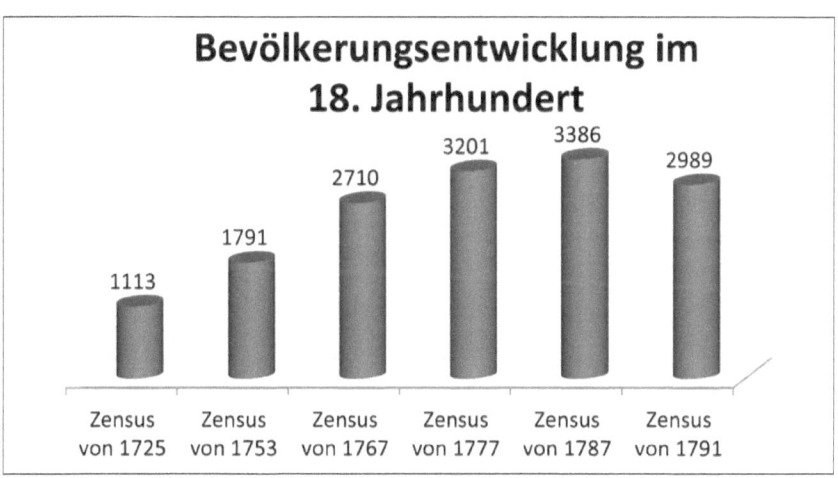

Vgl.: FINLAYSON, (2002). S. 29.

Anlage 4:

1777 Occupations

Servants	108	Carpenters	25
Mariners	80	Apprentices	23
Gardeners	73	Bakers	23
Fishermen	69	Tailors	22
Sutlers	66	Hucksters	21
Porters	54	Boatmen	20
Clerks	42	Shoemakers	20
Masons	38	Shopkeepers	20
Labourers	28	Barbers	18
Merchants	28	Patrons	18

Entnommen aus: FINLAYSON, (2002). S. 27.

Anlage 5:

Preisliste August 1749:

	Doll^{rs}	R^s	Q^{ts}
a Roasting Pig	1	4	
a Goose full grown	1	2	
a Green Goose		6	
a Duck full grown		3	
a Duckling		2	
a Pair of Pidgeons		2	
a Kid in the Garrison	1		
a Kid brought from any other Place		5	
a Turckey full grown	1	2	
a Spanish or Portuguese Fowl full grown		3	
D° Chicken		1	
a Barbary Fowl full grown		2	
D° Chicken		1	
a Rabbit		1	8
Pork p. pound			12
Pig rigging p. pound		1	
Spanish Eggs p. Dozen		1	
Barbary Eggs p. Dozen			12

Vgl.: GNA: Miscellaneons Papers. 1749 Papers. Preisliste August 1749.

Anlage 6:

Auskunft der Metzger Gibraltars über geschlachtete Rinder:

	Bull	Weight	Unsold
Moses Bensusan	6	1465	133 ½ lbs
Abraham Cohen	3	875	603
Jonas Assiol	34	10202	1638
M^r. de la Rosa	34	9836	289
M^r. Assiol	16	4309	412
Abraham Cohen	10	2702	13
Jonas Assiol	33	9226	1025
M^r. de la Rosa	11	3159	914 ¾
D^o	6	1486	55 ½
M^r. Carvahlo	10	3012	169 ½
D^o	3	976	171
D^o	5	952	434
In^o. Youlden	19	5366	123
Jonas Assiol	27	8165	373
D^o	19	5610	201 ½
Modecai	5	1531	299
Judah Aboab	24	6749	1679 ½
Sob^n Baquish	13	3893	463
M^r. Read	13	2597	528
Abraham Cohen	23	6172	1660
Jonas Assiol	16	3198	1529 ½
M^r. Read	32	9028	166
D^o	32	6244	227
D^o	35	12042	39
	413 Cattle	119195 lb	unsold 13147 lb

Vgl.: GNA: Miscellaneons Papers. 1750 Papers. Cattle Slaughtered in the Butchery 1750.

Anlage 7:

By the Commissioners for Executing the Office of Lord High Admiral of *Great Britain* and *Ireland*, &c.

WHEREAS by His Majesty's Commission under the Great Seal of *Great Britain*, bearing Date the Fifth Day of *August*, 1778, and in the Eighteenth Year of His Majesty's Reign, We are required and authorised to issue forth and grant Letters of Marque and Reprisals to any of His Majesty's Subjects or others whom We shall deem fitly qualified in that Behalf, for apprehending, seizing and taking the Ships, Vessels and Goods belonging to the *French* King, or his Vassals and Subjects, or others inhabiting within his Countries, Territories or Dominions, and to bring the same to Judgment in any His Majesty's Courts of Admiralty within His Dominions, for Proceedings and Adjudication and Condemnation to be thereupon had, according to the Course of Admiralty and the Laws of Nations, with other Powers in the said Commission expressed; a Copy whereof, together with His Majesty's Instructions under His Royal Signet and Sign Manual, remains with you: These are therefore to will and require you forthwith to cause a Letter of Marque and Reprisals to be issued out of the High Court of Admiralty unto   Commander
of the Ship   Burthen about
           Tons, mounted with
      Carriage Guns, carrying Shot of
        Pounds Weight, also
Cohorns, carrying Shot of   Pounds
Weight, and   Swivel Guns, and navigated with
           Men, whereof the said
          is Commander, to apprehend, seize and take the Ships, Vessels and Goods belonging to the *French* King, or his Vassals and Subjects, or others inhabiting within his Countries, Territories or Dominions, according to His Majesty's Commission and Instructions aforesaid. And you are to insert therein a Clause, enjoining the said   to keep an exact Journal of his Proceedings, and therein particularly to take Notice of all Prizes which shall be taken by him, the Nature of such Prizes, the Time and Place of their being taken, and the
                                                Value

Value of them, as near as he can judge; as also the Station, Motion, and Strength of the *French*, as well as he can discover by the best Intelligence he can get; of which he is, from Time to Time, as he shall have Opportunity, to transmit an Account to Our Secretary, and to keep Correspondence with him by all Opportunities that shall present. Provided always, That, before you issue such Letters of Marque and Reprisals, Security be given thereupon, according as is directed by His Majesty's Instructions afore-mentioned. The said Letters of Marque and Reprisals to continue in Force until further Order; for which this shall be your Warrant. Given under Our Hands, and the Seal of the Office of Admiralty, this   Day of
17

To Sir
Judge of the High Court
of Admiralty.

By Command of their Lordships,

Vgl.: Miscellaneous Papers. 1778 Papers. Letter of Marque.